Gesund wie der Fisch im Wasser?

*Meinen ganz besonderen Dank
meinem langjährigen Mitarbeiter
Dr. med. vet. Hugo Herkner,
der maßgeblich zum Entstehen
dieses Buches beigetragen hat.*

ISBN 3-923880-03-0

Tetra Werke
Dr. rer. nat. U. Baensch GmbH
Postfach 1580, 4520 Melle 1, W. Germany

9. überarbeitete und erweiterte Auflage 1987, 53501–59000

K. A. Frickhinger

Gesund wie der Fisch im Wasser?

Alles über Fischkrankheiten in Süß- und Meerwasseraquarien

mit einem Vorwort von
Prof. Dr. H. H. Reichenbach-Klinke,
Tierärztliche Fakultät der Universität München

Tetra

Inhaltsverzeichnis

Vorwort	7
Die „zehn Gebote“ zur Vermeidung von Fischkrankheiten	9
Umweltschädigungen – die häufigsten aller „Krankheitsursachen“	11
Auch für Meerwasser gilt dasselbe	18
Die weißen Punkte	22
Der Meerwasserichthyo – ein übler Patron	29
Noch einmal weiße Punkte	32
Meerwasseroodinium auf Haut und Kiemen	34
Hauttrübungen aller Art	36
Eine harte Nuß – Oodinioides vastator	39
Die Karpfenlaus und andere verdächtige Gestalten	42
Wieder weiße Punkte, aber diesmal ganz anders	45
Der entfärbte Neon	47
Das leidige Thema „Schimmelpilze“	49
Die „Lochkrankheit“	51
Wenn Fische an Atemnot leiden	54
Glotzaugen und Hornhauttrübungen	57
Kropf und andere Mangelerscheinungen	58
Noch einiges am Rande	59
Anatomie eines Fisches	62
Tabellen zur Erkennung und Bekämpfung von Fischkrankheiten	64
Literatur und Fotonachweis	100
Stichwortverzeichnis	101

Vorwort

Zur 1. Auflage:

Die Kenntnis von den Fischkrankheiten, der Vielfalt ihrer Ursachen und Erscheinungsformen hat in den letzten Jahren einen Umfang angenommen, daß nur in größeren Lehrbüchern eine einigermaßen vollständige Übersicht zu finden ist. Dies läßt es um so willkommener erscheinen, daß in kurzen allgemeinverständlichen Darstellungen ganz prägnante Augenblicksbilder, Schilderungen und typische Fotos dem Durchschnittsaquarianer aufzeigen, mit welchen Schädigungen er es eventuell zu tun hat und was er dagegen unternehmen könnte.
So begrüßen wir die hier vorgelegte Veröffentlichung der TetraWerke, die gewissermaßen in einer Folge von Blitzlichtern typische Krankheitsbilder unserer Aquarienfische zusammengestellt haben. Im Labor dieser Firma wird intensiv an der Beobachtung dieser Fischschäden gearbeitet und Therapien erprobt. So konnten hier erstmals die problematischen „Konjugationen" bei Ichthyophthirius fotografiert werden, der Flagellat Oodinioides vastator wurde hier eingehend studiert, ein großer Teil des Materials der Erstbeschreibung dieses Parasiten stammt von hier. So ist das Büchlein gewissermaßen ein Rechenschaftsbericht über die hier geleistete Arbeit.

Wir wünschen dem Büchlein eine weite Verbreitung und den verdienten Erfolg!

Reichenbach-Klinke

München, Februar 1974

Zur 9. Auflage:

Seit der 1. Auflage im Jahre 1974 ist eine derartige Fülle neuer Erkenntnisse auf dem Gebiet der Fischkrankheiten bekannt geworden, daß es notwendig erschien, einige wesentliche neue Erkrankungsformen in dieses Buch aufzunehmen. Wie schon bei der 1. Auflage wurde auch hier nach dem Grundsatz verfahren, nur solche Tatsachen zu berücksichtigen, die für einen Liebhaber leicht erkennbar sind. Deshalb wurden nur einige wenige neue Parasiten erwähnt und abgebildet.
So wünschen wir denn dem Buch auch weiterhin viel Erfolg und den Anklang in der Aquarien-Wissenschaft, den es verdient.

Reichenbach-Klinke

München, März 1987

Die 10 Gebote

zur Vermeidung von Fischkrankheiten

1	Niemals zu viele Fische in einem Aquarium halten
2	Immer für guten Pflanzenwuchs sorgen (Dynophyll® und Dynoplant®)
3	Regelmäßig – dem Fischbestand entsprechend – Wasser wechseln, STELLACORYN® zugeben und dabei keinesfalls den ganzen Mulm absaugen
4	Neue Fische niemals ohne Quarantäne in das Aquarium geben
5	Während der Quarantäne laufend auf eventuelle Krankheitssymptome kontrollieren und entsprechende vorbeugende Behandlungen durchführen
6	Niemals Fische ohne langsame Temperatur- und Wasserangleichung umsetzen
7	Immer auf abwechslungsreiche Fütterung achten
8	Kaltes und verdorbenes Futter meiden
9	Zur Förderung der Widerstandskräfte ausreichend Vitamine und Spurenelemente zuführen (LIQUI-fit®, AQUA-tonic®)
10	Immer auf gute Filterung (BIOCORYN H_3) und ausreichende Durchlüftung, kurzum auf optimale Hälterungsbedingungen achten

Umweltschädigungen – die häufigsten aller „Krankheitsursachen“

Schon in unserer Jugendzeit haben wir uns mit mehr oder weniger Eifer mit Aquarien beschäftigt, und unsere Erinnerungen reichen zurück bis zum ersten Vollglasbecken auf der Fensterbank. So manches Schöne und so manches Enttäuschende fiel uns ein, als wir nach jahrelanger Pause mit dem Gedanken spielten, uns wieder ein Aquarium anzuschaffen.
Nach bestem Wissen und Können richten wir es nun ein. Gleich darauf gehen wir in die nächste Zoohandlung, um uns eine Reihe von zusagenden Fischarten herauszusuchen, die unseren Vorstellungen entsprechen. Zu Hause angekommen, geben wir sie sofort in unser Aquarium, denn wir können es ja kaum noch erwarten, bis sich in unserer selbstgebastelten Unterwasserwelt bunte Fische tummeln.
Doch schon nach wenigen Minuten spielen unsere Fische „verrückt“. Sie schießen ziellos durch das Wasser, liegen danach apathisch am Boden, um schließlich unter krampfartigen Zuckungen zu verenden.
Wir stehen vor einem Rätsel. Es wäre nun am bequemsten, dem Zoofachhändler, dessen Fische wir erworben haben, die Schuld zu geben. Wir müssen uns aber davon überzeugen, daß in den Aquarien, aus denen unsere Fische stammen, eitel Ruhe und Frieden herrscht. Auch nicht ein einziger Fisch zeigt die in unserem Aquarium beobachtete Erscheinung. So bleibt uns nichts anderes übrig, als den Fehler bei uns selbst zu suchen.
Eines müssen wir in dieser Hinsicht grundsätzlich wissen: Wenn alle Bewohner eines Aquariums mehr oder minder negativ reagieren, dann dürfen wir einen Einfluß von seiten des umgebenden Milieus annehmen. Zeigen dagegen nur einzelne Fische ein anormales Verhalten, muß meist eine beginnende parasitäre Erkrankung in Betracht gezogen werden.

Die Suche nach der Ursache

In unserem Fall waren alle Fische betroffen. Wir hatten es also sicher mit irgendeiner Art von Vergiftung zu tun.
Nun müssen wir systematisch unser Aquarium Punkt für Punkt unter die Lupe nehmen. Als Bodengrund haben wir reinen Quarzkies eingebracht. Daran kann es nicht liegen. Dann werden alle Steine begutachtet, und hier müssen wir unser Augenmerk in erster Linie auf mineralische Einschlüsse und Adern richten.
Ferner befindet sich eine dekorative Wurzel in unserem Aquarium. Auch sie könnte durch Abgabe zu großer Mengen an Gerbstoffen für unser Fischsterben in Betracht kommen, vor allem, wenn sie vorher nicht lange genug gewässert wurde.
Doch plötzlich fällt es uns siedendheiß ein, daß einige Tage vor dem Auffüllen des Aquariums ein neuer Heißwasserboiler installiert wurde. Solche Geräte geben ja bekanntlich anfänglich Schwermetalle, vor allem für Fische hochgiftiges Kupfer oder Zink, an das Wasser ab. Erst nach längerem Gebrauch, wenn sich die Metallteile mit einer schützenden Kalkschicht überzogen haben, kann das Wasser aus solchen Geräten bedenkenlos für unser Aquarium verwendet werden.
So erhärtet sich der Verdacht, daß das unerklärliche Fischsterben hierdurch hervorgerufen wurde, und wir wechseln schnellstens die Hälfte unseres Aquariumwassers. Diesmal entnehmen wir aber das neue Wasser dem Kaltwasserhahn und bringen es mit einem Tauchsieder auf die richtige Temperatur. Schon bei diesem ersten Wasserwechsel scheinen sich die Fische zu erholen, und nachdem wir am nächsten Tag nochmals einen teilweisen Wasserwechsel vorgenommen haben, war offensichtlich die Konzentration unseres Giftstoffes bereits so weit herabgesetzt, daß sich auch die restlichen Fische wieder ganz normal verhielten und sogar Futter annahmen. So konnten wir diesen Fall – wenn auch mit einigen Verlusten – im Endeffekt glücklich lösen.

Hälterungsschäden

Bald darauf gehen wir erneut zum Zoofachhändler, um unseren Fischbestand wieder zu ergänzen. Wir kaufen sogar mehr Fische, als wir ursprünglich vorhatten. Doch unsere Freude sollte nicht von langer Dauer sein, denn schon nach wenigen Tagen zeigten unsere Neuankömmlinge Flossen- und Hautdefekte, und einer überraschte uns sogar mit dem Paradebeispiel eines Glotzauges.
In unserer Verzweiflung bringen wir einen erkrankten Fisch zu einer Untersuchungsstelle. Hier wurden jedoch nur harmlose Bakterien und andere einzellige Lebewesen festgestellt, die sich auf den abgestorbenen Körperstellen angesiedelt hatten, weil sie hier eine ideale Nährstoffgrundlage vorfanden. Auf dem Untersuchungsbefund finden wir als Diagnose den Vermerk „Hälterungsschaden".

Das biologische Gleichgewicht

Bei unserer anschließenden Überlegung, was hiermit wohl gemeint sei, taucht plötzlich in unserer Jugenderinnerung der Karpfenteich des Nachbarn auf. Kaum ausgehoben und mit Wasser gefüllt, wurde er alsbald mit einer großen Anzahl von Fischen besetzt. Auch hier war die Freude nur von kurzer Dauer. Nach Tagen schon war der größte Teil der Fische gestorben. Im nächsten Jahr probierte er es noch einmal – mit dem gleichen Mißerfolg. Er resignierte und überließ nunmehr den Teich sich selbst. Im Laufe der folgenden Jahre besiedelten sich die einstmals kahlen Ufer mit Gewächsen verschiedenster Art. Die Wildenten, die von Zeit zu Zeit anflogen, brachten Sämereien von Sumpf- und Wasserpflanzen mit, und so nahm dieses künstliche Gewässer allmählich ein natürliches Aussehen an.
An einem warmen Tag Ende Mai plätscherte es plötzlich an einer dicht mit Wasserpflanzen bewachsenen Stelle. Zwei Karpfen – die einzigen Überlebenden und zufälligerweise ein Pärchen – feierten hier Hochzeit. Der Teich hatte sich eingespielt und bot nunmehr der Nachkommenschaft unseres Karpfenpärchens die entsprechenden Lebensbedingungen.

1 Gesunder Pflanzenwuchs – Voraussetzung für gesunde Umwelt

An Hand dieses Beispiels sehen wir auch das Unsinnige ein, das erst vor kurzem eingerichtete Aquarium mit einer Unzahl von Fischen zu besetzen. Zu allem Überfluß haben wir unser neueingerichtetes Aquarium außerdem noch laufend daran gehindert, in das vielgepriesene biologische Gleichgewicht zu kommen. Wir haben ständig „herumgerührt", hier ein Blatt entfernt und dort ein Häufchen Mulm abgesaugt, öfter als nötig den Filter gewechselt und täglich an den Scheiben herumgeputzt. Bei diesen Arbeiten haben wir die ohnehin nur spärlich vorhandene Kleinstlebewelt, die von Natur aus die Aufgabe hat, ein Wasser biologisch aufzubereiten, zum größten Teil zerstört oder zumindest in ihrer Entwicklung behindert.

Wir nehmen uns deshalb vor, unser Aquarium fortan so lange wie nur irgend möglich in Ruhe zu lassen. Lieber putzen wir heute die Sichtscheibe und nehmen erst morgen unseren teilweisen Wasserwechsel vor. Am darauffolgenden Tag wird dann der Filter gereinigt. Ein bißchen Mulm am Boden soll uns in Zukunft auch nicht mehr stören. Die dumme Angewohnheit, jeden Abend bis zu den Ellenbogen im Aquarium zu stecken, um Dekorationsmaterial und Pflanzen zu verrükken, wollen wir für alle Zeiten unterlassen.

Sehr bald konnten wir nun eine Besserung der Hälterungsschäden beobachten. Die Hautdefekte bildeten sich zurück, und die Flossen wuchsen in kurzer Zeit in voller Pracht und Größe nach. Auch der Glotzäugige war noch am Leben, und wir konnten sehr schön die Rückbildung des verunstalteten Auges sehen. Nur zu deutlich kam es uns zum Bewußtsein, daß all diese unerwünschten Reaktionen nur durch ungenügende biologische Umweltverhältnisse hervorgerufen wurden. Nun aber kann sich alles nach und nach aufeinander einspielen, und Fische, Pflanzen und Wasser kommen ins rechte Verhältnis. Vor allem die Kleinstlebewelt tierischer und pflanzlicher Natur, die zum Großteil die von unseren Fischen ausgeschiedenen Stoffwechselprodukte „verarbeiten" muß, entfaltet sich jetzt weitgehend ungestört. Wir sehen nun deutlich, daß unsere Fische und Pflanzen sich wohl fühlen, wachsen und gedeihen.

Richtig füttern

So machen wir uns immer mehr Gedanken und kommen dabei auch auf die richtige Fütterung unserer Pfleglinge. Es ist uns wohlbekannt, daß ein Fehlen bestimmter lebensnotwendiger Stoffe zu Mangelerscheinungen führen kann. Mit ausgelaugten Tubifex, also reiner Eiweißkost, ist es nun einmal nicht getan. Wir achten darauf, unseren Fischen nicht nur ausschließlich Eiweiß, sondern neben abwechslungsreicher Flockennahrung (Tetra Min, TetraRubin) auch gegebenenfalls Pflanzenkost (TetraPhyll) zukommen zu lassen. Wir halten uns immer vor Augen, daß die meisten unserer Fische in der Freiheit ihre Nahrung „mit Haut und Haaren" zu sich nehmen und somit vornehmlich durch den gefüllten Darm des Beutetieres mit allen erforderlichen Stoffen von Natur aus versorgt werden. Für uns ist deshalb eine Zugabe von Vitaminen zum Futter oder auch in das Wasser (LIQUIfit®) und ebenso von Spurenelementen (AQUA-tonic®), die sich oft im Zusammenhang mit den erstgenannten Stoffen zu körpernotwendigen Hormonen und Fermenten zusammenschließen, unumgänglich. Derartiges ist uns als Schutz gegen Krankheitsanfälligkeit auch aus der Humanmedizin bekannt.

Weniger ist oft besser

Schließlich trauen wir uns, einige weitere Fische nachzukaufen. Beinahe wäre jedoch diese Anzahl schon wieder zuviel gewesen. Eine Bestimmung der Wasserqualität am nächsten Tag ergab nämlich bereits einen bedenklichen Nitrit-Wert, d. h., die derzeit vorhandene Kleinlebewelt hatte Schwierigkeiten, mit den zusätzlichen Ausscheidungsprodukten unserer Neuankömmlinge fertig zu werden. Sie mußte erst durch entsprechende Vermehrung eine weitere „Kampftruppe" gegen die nun erhöhte Menge von Giftstoffen ausbilden.

Nach wenigen Tagen aber hatte sich das Ganze wieder eingependelt. Einige Fische mehr hätten uns wahrscheinlich das mühsam eingespielte biologische Gefüge unseres Aquariums derart gestört, daß

weitere Haut- und Flossendefekte unvermeidlich gewesen wären. Diesmal hatten wir gerade noch Glück gehabt und lernten daraus, daß es im Grunde am besten ist, nach und nach immer nur einzelne Fische einzusetzen und niemals eine größere Menge auf einmal.
Wir wissen nun, daß wir meist zuerst die Schuld bei uns selbst suchen müssen, vor allem, wenn wir – was wir leider allzuoft tun – gedankenlos gehandelt haben. Über 90% aller Schädigungen und Erkrankungen, die wir den bösen Parasiten anlasten, sind nichts anderes als durch unser geringes Einfühlungsvermögen hervorgerufene Hälterungsschäden. Diese Erkenntnis ist zwar traurig, aber wahr. Wir müssen uns angewöhnen, „biologisch“ zu denken, denn wenn wir dies einmal unterlassen, werden wir mit Sicherheit dafür bestraft.
So kann es uns z. B. passieren, daß wir neue Fische kaufen und in unser Aquarium einsetzen. Am nächsten Tag können wir sie jedoch nur noch als Leichen bedauern. Wir grübeln über die mögliche Todesursache nach und kommen zunächst einmal zu dem einfachen Schluß, daß es sich eben um eine empfindliche Fischart gehandelt hat. Wir geben uns damit aber doch nicht ganz zufrieden und im weiteren Verlauf unserer Überlegungen müssen wir uns eingestehen, daß wir vor lauter Ungeduld die Neuankömmlinge ohne Übergang an das zukünftige Milieu in unser Aquarium gekippt haben. Es fand also weder eine Temperaturangleichung noch eine Anpassung an die neuen Wasserverhältnisse statt. Höchstwahrscheinlich hätte sich dieser Verlust vermeiden lassen, wenn wir vorher den Transportbeutel für eine halbe Stunde in unser Aquarium gehängt und anschließend das Transportwasser langsam an das Aquariummilieu angeglichen hätten.

Das Wasser muß „stimmen“

Da wir gerade beim Wasser sind – auch hierüber lohnen sich einige Worte. Im stillen hatten wir schon manchmal damit geliebäugelt, mit Regenwasser zu arbeiten. Unser Zoofachhändler, mit dem wir uns über dieses Thema unterhielten, hatte uns jedoch davon wieder abgebracht. Er meinte, daß es gerade für einen Anfänger einfacher sei, ein biologisch brauchbares Milieu aus Leitungswasser herzustellen. Es müßten nur organische Substanzen, also Kolloide, und bei Schwarzwasserfischen auch Huminstoffe zugesetzt werden (STELLACORYN® und evtl. Faktor S®), um ein lebensfreundliches Milieu zu erzeugen, das Fischen und Pflanzen gerecht wird.
So haben wir auch bisher nur mit dem uns zur Verfügung stehenden Leitungswasser gearbeitet, denn wir wollten die Fische zunächst nur beobachten und nicht züchten. Unser Wasser weist zwar eine Gesamthärte zwischen 15° und 20° dH auf, doch wir sind damit immer bestens gefahren. Selbst unsere Neonfische

3 Guter Wasserpflanzenwuchs bringt Sauerstoff ins Aquarium

erfreuen sich nach wie vor in diesem Wasser bester Gesundheit.
Allerdings erinnerten wir uns auch daran, daß unser Zoohändler beiläufig erwähnte, daß je nach Fischbesatz mehr oder weniger regelmäßig von Zeit zu Zeit ein teilweiser Wasserwechsel – aber nie mehr als ein Drittel – durchgeführt werden müsse. Im Grunde genommen meinte er damit nichts anderes, als die durch die vielen Fische erzeugten und im Wasser gelösten Ausscheidungsprodukte teilweise aus dem Kreislauf des Aquariums herauszunehmen und den Abbau nicht allein den dafür zuständigen Mikroorganismen zu überlassen.
Im Rahmen weiterer Überlegungen kom-

men wir dann auch zu dem Schluß, daß ein Fisch sich zwar an eine langsam steigende Konzentration von Giftstoffen gewöhnen kann, Neuankömmlinge jedoch in einem solchen Wasser oft einen tödlichen Schock erleiden. Seitdem haben wir neben dem obligatorischen Wasserwechsel vor jedem Neuzugang zusätzlich einen teilweisen Wasseraustausch vorgenommen, und selbst bei den als empfindlich eingestuften Fischarten mußten wir nun keinen Ausfall mehr beklagen.

Wasserpflanzen sind wichtig

Des weiteren haben wir inzwischen auch die Wichtigkeit der Wasserpflanzen erkannt. Wir hatten zu Anfang, um unsere Überlegenheit zu beweisen, natürlich nur ausgefallene Wasserpflanzen für unser Aquarium gewählt. Bei einigem Nachdenken kamen wir jedoch darauf, daß diese langsam wachsenden Pflanzen nicht dazu geeignet sind, allen Anforderungen gerecht zu werden. Sie tragen viel zu wenig zum Abbau der von den Fischen ausgeschiedenen Stoffwechselprodukte bei. So haben wir schließlich unser Aquarium auch mit einer Reihe wenig anspruchsvoller und dafür schnell wachsender Pflanzen besetzt.
In diesem Zusammenhang müssen wir auch an die Luft denken, die durch unsere Luftpumpe eingebracht wird. Gleichgültig, ob Zimmer- oder Freilandluft, wir müssen heutzutage immer damit rechnen, daß beispielsweise Reste von Haar- und Pflanzenschutzsprays oder die leicht flüchtigen Lösungsmittel diverser Malerfarben ebenso wie auch andere flüchtige Stoffe unserer nicht immer sauberen Umwelt das Aquarienmilieu vergiften können. Auch hier kann ein regelmäßiger Wasserwechsel dazu beitragen, die mögliche Konzentration solcher Giftstoffe herabzusetzen. Allerdings soll damit grundsätzlich verstanden werden, daß mit einem teilweisen Wasserwechsel altes Wasser gegen neues ausgetauscht wird. Das bloße Auffüllen des regelmäßig verdunstenden Wassers bringt nicht den gewünschten Erfolg. Hierdurch würden wir lediglich die von Tag zu Tag steigende Konzentration der Ausscheidungsprodukte für kurze Zeit verdünnen. Eines Tages wäre dann jedoch der Punkt erreicht, wo auch unsere alten Insassen sich nicht mehr anpassen können. Unsere Pfleglinge würden in diesem Stadium an einer Selbstvergiftung durch die von ihnen selbst ausgeschiedenen Stoffe zugrunde gehen.

So macht es die Natur

Auch in der freien Natur findet ein ständiger, teilweiser Wasserwechsel statt. Wenn es regnet, läuft das Wasser die schrägen Ufer hinab in Richtung Fluß oder Teich. Auf seinem Weg dorthin kommt es bereits mit Erdreich in Berührung, und es werden wasseraufbereitende Stoffe wie Kolloide und Huminstoffe aufgenommen und mitgeführt. Der Wasserstand des Teiches beginnt zu steigen. Nach dem Regen paßt sich das Gewässer wieder dem Grundwasser an. Das über dem Bodengrund stehende schlechte, verbrauchte Wasser versickert, und die vom Wind erzeugten Wellen vermischen allmählich das hinzugekommene Wasser mit dem alten. Dies alles geschieht nicht von einer Sekunde auf die andere. Es dauert oft lange, bis eine vollkommene Durchmischung erreicht ist. Im Vergleich dazu ist unser Wasserwechsel nur das Werk eines Augenblicks. Hierin liegt auch der Grund für manche Schwierigkeiten.
Einige Beispiele sollen das erläutern. Würden wir z. B. mit reinem, destilliertem Wasser arbeiten, so könnte es uns unter Umständen passieren, daß unsere Fische plötzlich apathisch werden und nach mehr oder weniger kurzer Zeit sterben. Nehmen wir pures Regenwasser, so ist durch die darin enthaltenen Verunreinigungen die Reaktion etwas gemäßigter. Die Fische reagieren vielleicht durch vorübergehendes Verblassen oder durch Dunkelfärbung. Selbst bei Verwendung von reinem Leitungswasser können beide Reaktionen beobachtet werden.

Wasser muß man aufbereiten

In einem Freilandgewässer liegen die Verhältnisse anders. Ein großer Teil des neu hinzukommenden Wassers löst aus der Erdoberfläche organische Substanzen heraus, bevor es sich in das Gewässer ergießt. Diesem Faktor müssen wir Rech-

4 *Die Iguaçu-Fälle. Die Grenze zwischen Argentinien und Brasilien*

nung tragen, gleichgültig, ob es sich um destilliertes, Regen- oder Leitungswasser handelt. Es ist deshalb unumgänglich, sie durch Zugabe entsprechender organischer Substanzen (STELLACORYN®) aufzubereiten. Tun wir das nicht, laufen wir Gefahr, daß unsere Fische anormales Verhalten zeigen.

Gefrorenes schadet Fischen

Schließlich müssen wir uns noch einem anderen Problem zuwenden. Denn eines Tages stellten wir fest, daß ein Teil unserer Fische – fast könnte man sagen, von einer Stunde zur anderen – plötzlich dicke Bäuche bekam. Wir überlegten, was wir in letzter Zeit anders gemacht haben könnten, und wir fanden keine andere Erklärung, als das kürzlich erworbene Gefrierfutter dafür verantwortlich zu machen. Zwar haben wir dieses Futter nicht in gefrorenem Zustand verfüttert. Dieser Faktor scheidet also als Ursache aus.
Bei der letzten Fütterung war jedoch folgendes passiert. Wir trennten die Tagesration aus der Plastikdose und verfütterten dann die inzwischen aufgetauten Wasserflöhe. Den etwas abseits abgestellten Behälter mit den übrigen Daphnien übersahen wir jedoch und vergaßen, ihn wieder in den Eisschrank zurückzustellen. Erst am nächsten Tag bemerkten wir das Mißgeschick. Wir rochen daran, doch das Ganze hatte nichts daphnienähnliches mehr an sich. Da wir jedoch viel Geld in dieses Futter investiert hatten, entschlossen wir uns, unseren Fischen wenigstens heute noch die nicht mehr ganz einwandfreien Wasserflöhe anzubieten. Dies hätten wir besser nicht tun sollen, denn schon nach wenigen Stunden konnten wir sehen, daß das verdorbene Futter einigen unserer Fische nicht bekommen war. Wir hätten dies wissen müssen, denn auch wir vertragen verdorbene Nahrungsmittel nicht. So mußten wir wieder eine schlechte Erfahrung machen, nur weil wir leichtsinnig und gedankenlos gehandelt hatten.
So bemühten wir uns fortan, die unvermeidlichen Tubifex nur in weitgehend gereinigtem Zustand und vor allem nicht als „Eiswürmer" zu verabreichen. Auch hier

erinnern wir uns an einen unangenehmen Vorfall. Wir hatten damals diese Futtertiere kaum eine halbe Stunde gewässert und damit nicht eine Entleerung des Darmes abgewartet. Unter Zeitdruck hatten wir dann diese Tubifex schnell verfüttert. Gerade diejenigen Fische, die besonders habgierig gleich einen ganzen Klumpen hinunterschluckten, waren am anderen Tag offensichtlich krank. Was in diesem Fall auch der auslösende Faktor gewesen sein mag – für uns war es jedenfalls wiederum eine Lehre.

Fische sind zwar durchaus nicht immer „gesund wie der Fisch im Wasser", doch wie wir bereits wissen, lassen sich 90% aller „krankhaften" Erscheinungen auf ungeeignete Umwelteinflüsse zurückführen. Fische, die in einer gesunden Umwelt leben, werden auch nur selten von Parasiten befallen. Parasiten haben in der Natur die Aufgabe, das Schwache auszumerzen, und wir haben es somit meist selbst in der Hand, unsere Fische so gesund zu erhalten, daß Parasiten – sprich Fischkrankheiten – kaum mehr Chancen haben.

Siehe auch Tabellen Seite 64 und 65, Abb. 91

Um Hälterungsschäden zu vermeiden, muß besonders auf folgende Punkte geachtet werden:

1. **Dekorationsmaterial auf Tauglichkeit überprüfen.**
2. **Überbesetzung vermeiden, d. h., niemals zu viele Fische in zuwenig Wasser halten.**
3. **Ein Aquarium sollte möglichst in Ruhe gelassen werden. Ständiges „Umdekorieren" ist zu vermeiden.**
4. **Niemals Frischwasser verwenden, ohne es biologisch aufzubereiten (STELLACORYN®, Faktor S®).**
5. **Der Anzahl und der Größe der Fische entsprechend häufig Wasser wechseln.**
6. **Beim Einsetzen neuer Fische stets auf Temperatur- und Wasserangleichung achten.**
7. **Niemals verdorbenes Futter verwenden.**
8. **Rauch, Sprays und Insektenbekämpfungsmittel können durch den Ausströmer in das Aquarium gelangen und den Lebensraum Ihrer Fische vergiften.**

5 *Problemlose Ernährung mit abwechslungsreicher Kost*

Auch für Meerwasser gilt dasselbe

Nachdem es uns gelungen war, die Hälterungsschäden im Süßwasser auszuschließen, hatten wir den Wunsch, es auch einmal mit Korallenfischen zu versuchen. Gemäß unseren bisherigen Erfahrungen achteten wir zunächst streng darauf, daß keinerlei metallabgebende Gegenstände mit dem Wasser unseres Meeresaquariums in Berührung kamen. Als Bodengrund nahmen wir eine Mischung von weißem Quarz- und Korallenkies. Bizarres Kalkgestein diente als Dekoration, und zur Auflockerung wurden einige Korallenstöcke wirkungsvoll plaziert. Dann besorgten wir uns Meersalz, lösten die erforderliche Salzmenge in unserem Leitungswasser auf und gaben das so zubereitete Meerwasser in das Aquarium. Um unser Wasser „anzuimpfen", ließen wir uns von einem bekannten Korallenfischpfleger einen mit Algen bewachsenen Stein geben.

Unsere technische Apparatur fand ihre Krönung in einer Kreiselpumpe, um die in einem Korallenriff herrschenden Wasserumwälzungen wenigstens einigermaßen nachahmen zu können. Wir überließen das Aquarium einige Zeit sich selbst und erfreuten uns am Anflug jeder Algenart, die sich im Laufe der nächsten Woche bildete. Eines Tages glaubten wir dann, es wagen zu können, einige Tiere zu erwerben. Wir besorgten uns eine ganze Anzahl der herrlich-bunten Korallenfische, denn man hatte uns erzählt, daß diese Exoten häufig sehr rauflustig seien und daß es daher besser sei, den ganzen Besatz zusammen einzusetzen. Allerdings trat daraufhin genau das ein, was wir erwarteten. Schon am nächsten Tag war der Nitritgehalt so weit in die Höhe geschnellt, daß er nahe an den gefährlichen Bereich herankam. Wir waren aber darauf gefaßt und konnten durch einen sofortigen Wasserwechsel und gleichzeitige Verwendung von BIOCORYN H_3® größeren Schaden vermeiden. Jedenfalls sollten wir gleich zu Anfang lernen, daß die-

6 Langhorn – Kofferfisch (Lagtoria cornuta)

ses Nitrit sich im Meerwasser noch viel stärker auswirken kann, als im bisher gewohnten Süßwasser.
Wir müssen also im Meerwasser besonders darauf achten, daß die Abbaubakterien „mitkommen“. Diese können nur dann optimal arbeiten, wenn optimale Sauerstoffverhältnisse vorliegen. Nun löst sich aber der in den Luftperlen des Ausströmers vorhandene Sauerstoff erst dann befriedigend, wenn die Luftblasen von oben nach unten gewirbelt werden und damit in eine Zone immer stärker werdenden Druckes gelangen. Deshalb rüsteten wir den Einlauf unserer Kreiselpumpe mit einem Luftinjektor aus. Obwohl unsere Vorrichtung zischte und spritzte, konnte sie immer noch nicht einem Vergleich mit der Brandung im Korallenriff standhalten. Trotzdem glaubten wir, bereits am nächsten Tag eine Besserung beobachten zu können. Auch eine Nitrit-Kontrolle schien uns recht zu geben. Wir hatten jedenfalls alles getan, was wir tun konnten.

Richtig dekorieren

Allerdings mußten wir nach einigen Wochen trotzdem bei unseren Korallenfischen Vergiftungssymptome feststellen. Wir untersuchten gründlich das ganze Aquarium, konnten aber nichts finden, bis wir einen Stein zur Seite hoben. Der Sand war dunkel gefärbt, und unter dem Stein lag mehr oder weniger zersetzter Mulm im Überfluß. Was blieb uns anderes übrig, als sofort den ganzen Bodengrund abzusaugen und gleichzeitig die Dekoration auf kleine Füße zu stellen, damit die anfallenden Abbauprodukte in Zukunft von der Strömung in Richtung Filter getragen werden konnten. Wir erneuerten den Bodengrund, aber nur so weit, daß er gerade noch die Bodenplatte bedeckte. Außerdem versuchten wir, unsere Dekoration so zu gestalten, daß sich nirgends mehr tote Winkel bilden konnten. Gerade diese beiden letzten Maßnahmen haben sich auch bestens bewährt.
Nach dem Erwerb eines sogenannten „Abschäumers“ zeigte sich sogar ein bescheidenes Fadenalgenwachstum. Für uns war dies eine besondere Freude, denn welcher Meerwasseraquarianer wünscht sich nicht solche Algen, die ihm außerdem als Anzeiger für gesundes Wasser dienen.

Immer wieder Wasserpflege

Leider traten eines Tages unerwartet Schmieralgen auf. Wir erkannten daran sofort, daß sich wiederum störende Faktoren in unser Aquarium eingeschlichen haben mußten, die das Wohlbefinden unserer Fische beeinflussen könnten. Diesmal standen wir der Angelegenheit aber nicht ratlos gegenüber, denn wir hatten inzwischen gelernt, daß in solchen Fällen ein Wasserwechsel die Situation schnell retten kann. Wir tauschten also altes Wasser gegen neues aus, verdünnten dadurch entsprechend die Konzentration der Giftstoffe und konnten nach einiger Zeit zu unserer Zufriedenheit feststellen, daß die Schmieralgen zurückgingen. Es bleibt also gemäß den gemachten Erfahrungen nur unserem Fingerspitzengefühl überlassen, immer wieder den rechten Zeitpunkt für einen Wasserwechsel zu erkennen.
So haben wir also gelernt, daß bei Haltung von Meerwasserfischen eine entsprechende Wasserpflege noch viel wichtiger ist als im Süßwasser. Wenn wir es recht bedenken, findet durch Ebbe und Flut im Lebensraum unserer Korallenfische täglich zweimal, also alle 12 Stunden, ein Wasserwechsel statt. Dabei kommt es zu einem vollständigen Austausch des Wassers, und gerade diese Tatsache darf nicht unerwähnt bleiben. Demnach können wir trotz aller Anstrengungen nur einen bedingt optimalen Lebensraum schaffen und müssen hier um so mehr darauf achten, das Gleichgewicht unseres Aquariums nicht zu gefährden.

Auch Kaiser brauchen Vitamine

Einige Wochen später stellte sich ein neues Problem ein. Unsere Kaiser- und Doktorfische zeigten plötzlich – gleichmäßig auf beiden Seiten des Kopfes – flächenförmige Hautablösungen. Niemand, den wir deswegen befragten, konnte zunächst Auskunft geben, doch zu unserer Beruhigung schienen die hiervon betroffenen Tiere durch diese „Krankheit“ keineswegs beeinträchtigt zu sein. Schließlich

erfuhren wir, daß spiegelbildähnliche Krankheitsbilder als Mangelerscheinungen gewertet werden können. Nach eingehender Befragung von aquaristisch interessierten Tauchern wurde uns manches klar. Wir hörten immer wieder, daß sie solche Fische in algenreichen Regionen oder zumindest „algenzupfend“ angetroffen haben. Als wir selbst einmal tauchten, konnten wir sogar mit eigenen Augen sehen, daß verschiedene Chaetodonarten sogar nur bestimmte Korallen bevorzugen. Es gibt also unter den Korallenfischen ausgesprochene Nahrungsspezialisten, und manche Ausfälle sind oft nur durch ungeeignetes Futterangebot begründet. Wir müssen uns leider damit abfinden, daß die uns mögliche Fütterung der Korallenfische beim besten Willen niemals naturgemäß sein wird.
Freilich kann eine regelmäßige Vitamingabe (LIQUI-fit®) manches lindern. Trotzdem dürfen wir die Lebenserwartung solcher Fische nicht zu hoch ansetzen. Gewiß bestätigen Ausnahmen die Regel. Wir erinnern uns z. B. an einen Chaetodon, der fast 10 Jahre in einem Aquarium gelebt hat. Er wurde zwar nicht so groß, wie er in der freien Natur geworden wäre, aber es ist ja eine bekannte Erscheinung, daß sich Fische an die Größe des ihnen gebotenen Lebensraumes anpassen können.
Als dann dieser alteingewöhnte Fisch in ein anderes Aquarium umgesetzt wurde, überlebte er nur noch wenige Tage. Dieses Beispiel zeigt uns das Risiko, das man immer eingeht, wenn man alte Fische aus ihrer gewohnten Umgebung reißt und ihnen ein völlig neues Milieu zumutet. Man kennt heute die ausgeprägte Reviertreue der Korallenfische. Es ist eine seit Jahrtausenden vererbte Eigenschaft. Vielleicht kann man ein- oder gar zweimal damit rechnen, daß eine neue Heimat akzeptiert wird. Ein mehrmaliger Wohnungswechsel scheint jedoch über ihre Kräfte zu gehen. Besonders erwachsene, fortpflanzungsfähige Fische scheinen in erhöhtem Maße an ihrem Revier zu hängen. Deshalb ist es immer besser, nur junge Exemplare zu erwerben, die zu diesem Zeitpunkt auch in der freien Natur

7 Gelber Kaiserfisch (Holacanthus trimaculatus)

noch eine vagabundierende Lebensweise führen. Bei ihnen können wir mit größerer Anpassungsfähigkeit rechnen.

Wasserdichte und pH-Wert

Meist ist jedoch die Kurzlebigkeit der Korallenfische durch Hälterungsfehler bedingt. Eine besonders große Rolle kann dabei die Dichte des Meerwassers spielen. Warum leben beispielsweise im „Toten Meer" bei einem Salzgehalt von 21% keine Fische? Die Antwort muß lauten: Der Fisch würde verdursten bzw. durch die enormen Salzgegensätze zwischen Organismus und umgebendem Milieu vertrocknen. Dieser extreme Vergleich zeigt uns deutlich, daß auch wir gut daran tun, die Dichte unseres Meerwassers nicht auf 1,030 festzulegen, sondern besser auf den unteren Wert von 1,020. Unseren Fischen wird dadurch mancher Stoffwechselvorgang erleichtert, und sie danken es uns durch ein längeres Leben.
Auch der pH-Wert ist im Meerwasser ein sehr maßgeblicher Faktor. Wenn er sich nicht in den für Korallenfische freundlichen Bereich von 7,8–8,5 einpendelt, kann er eine ernste Gefahrenquelle bilden. In unseren Aquarien haben wir meist mit einem zu niedrigen pH-Wert, d. h. unter 7,8, zu kämpfen. Hierfür ist hauptsächlich die Kohlensäure verantwortlich, und deshalb müssen wir in unserem Korallenfischaquarium immer bestrebt sein, einen Kohlensäureanstieg weitgehend zu vermeiden.
Wir müssen also versuchen, dieses von sämtlichen tierischen Organismen produzierte Gas an die Wasseroberfläche zu befördern, bevor es sich lösen kann. Nur so kann es, ohne Schaden zu stiften, in die Luft entweichen. Dies können wir durch eine kräftige Wasserumwälzung und eine stärkere Durchlüftung erreichen. Dazu gehört zwar etwas technischer Mehraufwand, im Endeffekt kommt er aber unseren Fischen zugute. Besonders günstig ist es natürlich, wenn zur Herstellung des künstlichen Meerwassers ein Meersalz mit pH-Stabilisator verwendet wird.

Quarantäne muß sein

Außerdem sollten wir niemals auf ein Quarantänebecken verzichten, in welchem neue Fische eingewöhnt, angefüttert und auf Parasiten beobachtet werden können. Wir ersparen uns dadurch sehr viel Ärger und gefährden dann auch nicht die Insassen unseres Gesellschaftsbekkens. Wenn wir nur ein einziges Mal den Fehler machen und einen Neuerwerb ohne Quarantäne in unser parasitenfreies Aquarium geben, müssen wir dies meist mit unangenehmen Folgen büßen.
Ganz sicher gehen wir aber erst dann, wenn wir jeden Fisch vorbeugend behandeln. Wie bereits im Kapitel „Süßwasser" erwähnt, sind die meisten Parasiten als „Schwächeparasiten" anzusehen. Meerwasserfische sind aufgrund der extremen Lebensumstellung besonders gefährdet. Nur eine Quarantäne mit vorbeugender Behandlung kann uns weitgehend die Garantie geben, nicht laufend mit unangenehmen und folgenschweren Erfahrungen konfrontiert zu werden.

Siehe auch Tabellen Seite 64 und 65

8 *Orangeflecken – Feilenfisch (Oxymonacanthus longirostris)*

Die weißen Punkte

Wieder einmal haben wir einige neue Fische erworben. Da man ihnen nichts Verdächtiges ansah, setzten wir sie sogleich in unser Gesellschaftsbecken. Vorerst ging auch alles gut. Doch nach Ablauf von drei Tagen bemerkten wir an einem Neuankömmling einen einzigen, mit bloßem Auge gerade noch erkennbaren weißen Punkt. Wir schenkten der Angelegenheit kaum Beachtung.

Schnelle Hilfe ist wichtig

Wenige Tage später sah jedoch die Sache nicht mehr ganz so harmlos aus. Die meisten Fische bewegten sich schaukelnd vorwärts, klemmten die Flossen und scheuerten sich an Steinen und Wurzeln. Auch das dargebotene Futter wurde verschmäht, und als wir am nächsten Abend nach Hause kamen, waren sämtliche Fische mit weißen Punkten übersät.
Nun war guter Rat teuer, und nach langem Hin und Her und endlosen Telefongesprächen wurden wir darüber belehrt, daß wir Ichthyo in unserem Aquarium hatten. So etwas war uns bisher fremd, und deshalb hatten wir auch kein Gegenmittel zur Hand. Alle Zoohandlungen waren bereits geschlossen, doch schließlich gelang es uns doch noch, ein Ichthyomittel aufzutreiben. Allerdings versäumte man nicht, uns eindrücklich darauf hinzuweisen, daß bei einem derartigen Befall meist jede Hilfe zu spät ist. Wir versuchten dennoch unser Glück, mußten aber bald einsehen, daß alle Mühe umsonst war. Kein einziger Fisch überlebte die Seuche, und dies nur, weil wir dem ersten weißen Punkt keine Beachtung geschenkt hatten.
Einige Wochen verbrachten wir nun in dumpfer Resignation, aber dann regte sich unser Aquarianerherz wieder. Als wir noch dazu hörten, daß in einem fischleeren Aquarium alle Ichthyoparasiten in wenigen Tagen absterben würden, wagten wir es, unser Aquarium mit neuen Fischen zu besetzen. Doch die Rechnung wurde ohne den Wirt gemacht: Nach etwa drei Wochen mußten wir zu unserem Leidwesen wieder den Beginn eines leichten Ichthyo-Befalles feststellen. Jetzt hatten wir aber Exrapid® griffbereit im Hause, und diesmal konnten wir die Seuche schnell unter Kontrolle bringen.
Wir machten uns Gedanken, wie wir den Ichthyo erneut eingeschleppt haben könnten. Vielleicht haben wir wieder den berüchtigten ersten weißen Punkt übersehen. Oder der Ichthyo, dieses einzellige Wimpertierchen, saß unsichtbar in den Kiemen der Fische verborgen.

Der Ichthyo entwickelt sich

Nach einiger Zeit mußte er aber seinem Entwicklungsgang folgend als reifer Parasit den Fisch verlassen. Er suchte sich ein geeignetes Plätzchen, um sich dort in aller Ruhe mit einer gallertartigen Hülle zu umgeben. Im Innern dieser Zyste – so nennt man diesen Entwicklungsstand des Parasiten – beginnt er nun, sich in unzählige Teilstückchen aufzuspalten, und hört damit nicht auf, bis er sich durch laufende Teilung in etwa 250 kleine Stücke zerlegt hat. Dann aber kommt Leben in das Ganze. Jedes Teilstück hat sich inzwischen mit einem Wimperkleid umgeben, und durch die nun einsetzenden starken Bewegungen wird die Zystenhülle bis zum Bersten gespannt. Schließlich platzt sie an der schwächsten Stelle, und heraus kommen die beweglichen, sofort in alle Richtungen eilenden Jungparasiten, die in diesem Stadium „Schwärmer" genannt werden. Sie alle trachten danach, sich an einem Fisch festzusetzen. So können wir uns nun vorstellen, daß ein einziger Parasit mit seinen 250 Nachkommen ein ganzes Aquarium verseuchen kann.
Wenn so ein Schwärmer nun endlich einen Fisch erreicht, vergeht einige Zeit, bevor er richtig Fuß gefaßt hat. Der Fisch „wehrt" sich gegen den Parasiten, und so kann es beim Befall mit nur wenigen Schwärmern mehrere Wochen dauern, bis der Parasit so weit herangewachsen ist, daß er mit bloßem Auge sichtbar wird. Er wächst nämlich, solange ihm der Fisch entsprechend Widerstand entgegensetzen kann, nur äußerst langsam. Erst wenn die Widerstandskraft des Fisches durch Umstände wie Temperaturschwankungen, Sauerstoffmangel, Wasserver-

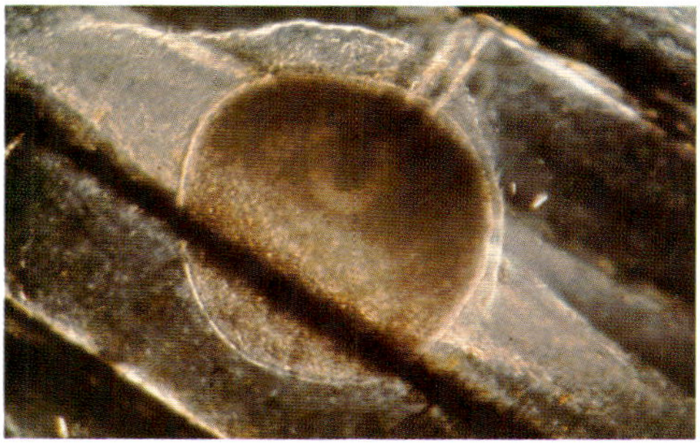

9 Ichthyo unter der Haut

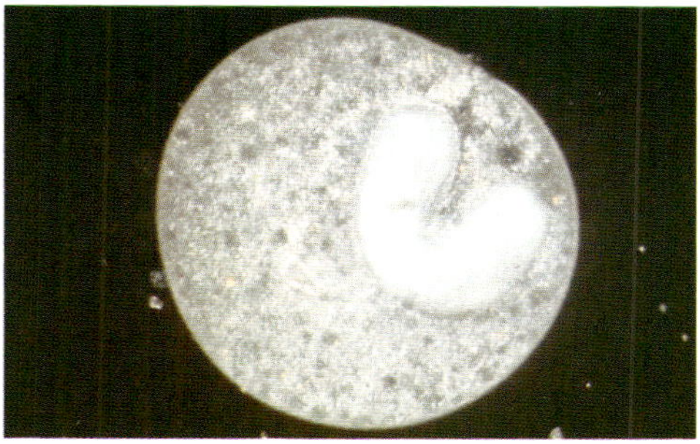

10 Erwachsener Parasit

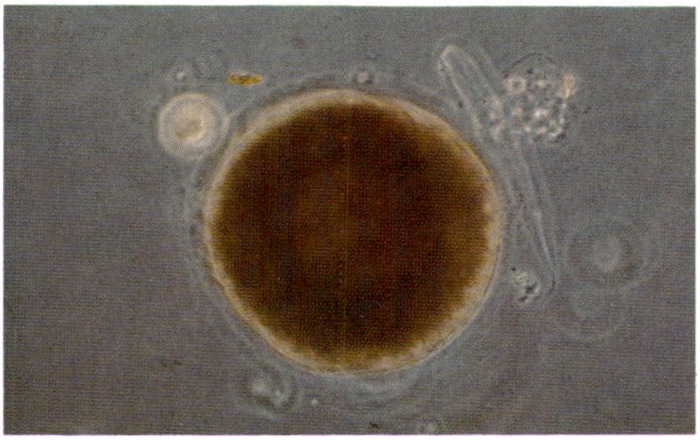

11 Bildung einer Zystenhülle

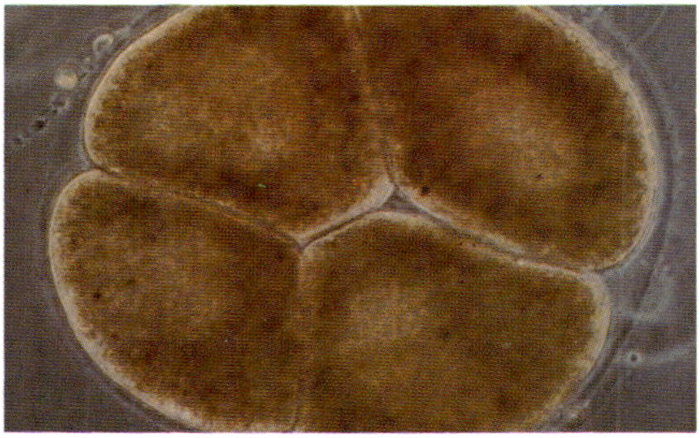

12 Beginnende Teilung

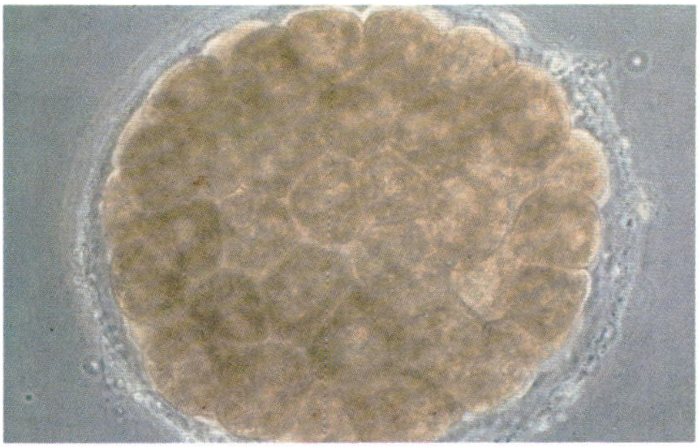

13 Fortschreitende Teilung

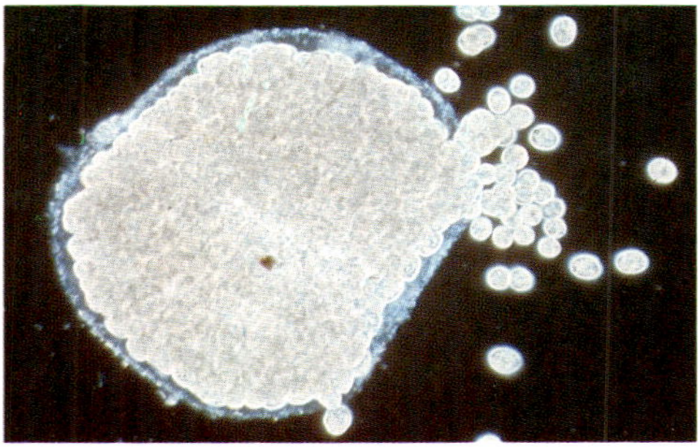

14 Zyste mit Schwärmern

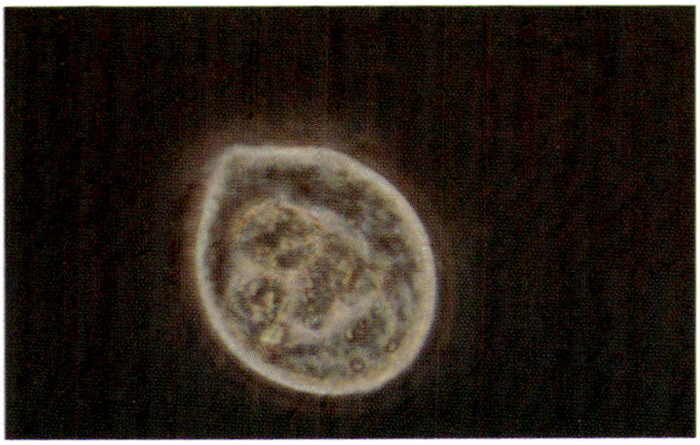

15 Ichthyo-Schwärmer

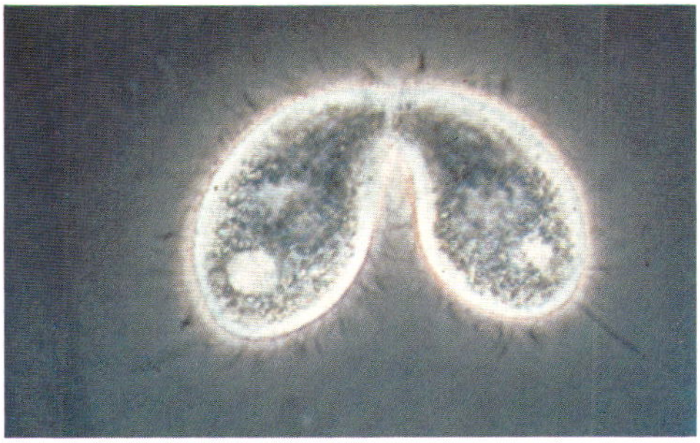

16 Konjugation von Schwärmern

schlechterung etc. erlahmt, kommt er wesentlich schneller voran.
Der Schmarotzer ernährt sich von den Körpersäften seines Wirtes. Hinzu kommt, daß der Fisch außerdem noch die Stoffwechselprodukte des Parasiten verkraften muß. Dies rührt daher, daß der Ichthyo nicht – wie man glauben möchte – auf der Haut sitzt. Wenn er als Schwärmer sein Opfer trifft, hat er nichts Eiligeres zu tun, als sich durch die Fischhaut zu bohren, um zwischen Ober- und Unterhaut zu gelangen. Hier verursacht er als Fremdkörper außerdem einen mehr oder weniger starken Zerfall des umgebenden Fischgewebes. Solange der Fisch nur von einem oder wenigen Parasiten befallen ist, wird er nicht sehr davon beeinträchtigt. Bei einem starken Befall bleibt aber immer der Ichthyo Sieger.
Jetzt wissen wir auch, warum wir bei dem leichten Befall eine Behandlung ohne Verluste durchführen konnten. Wir dürfen einfach nicht so lange warten, bis unsere Fische mit weißen Punkten übersät sind. In Zukunft werden wir schon beim ersten ichthyoverdächtigen Punkt eine sofortige Behandlung einleiten. Außerdem haben wir gelernt, daß wir Exrapid® immer im Hause haben müssen, wenn es das nächste Mal nicht wieder zu spät sein soll.

Die zweite Behandlung

Den allerwichtigsten Punkt hätten wir aber beinahe unerwähnt gelassen. Dieser Parasit kann nur dann sicher bekämpft werden, wenn er sich im freien Wasser befindet. Sitzt er einmal wohlgeschützt unter der Haut, kann ihm nicht mehr viel passieren. Ein Medikament wird also immer erst dann wirksam, wenn der Ichthyo zum Zeitpunkt der Reife den Fisch verläßt. Unter der Haut beeinträchtigt ein Medikament bestenfalls seine Lebensäußerungen. Das kann allerdings so weit führen, daß er sich langsamer entwickelt. Bis er sich dann endlich vom Fisch löst, kann ein vorher zugegebenes Ichthyo-Mittel bereits viel von seiner Wirksamkeit verloren haben. Deshalb ist grundsätzlich nach Ablauf von 5 Tagen eine zweite Behandlung angebracht. Nur so kann mit absoluter Sicherheit auch der letzte Parasit erreicht werden. Alles braucht seine Zeit, und wir müssen uns deshalb auch von der Vorstellung freimachen, daß ein Wirkstoff, den wir heute in unser Aquarium geben, möglichst gestern schon geholfen haben soll.
Im Grunde genommen ist es auch gut, daß der Ichthyo unter der Haut bestenfalls gehemmt, aber nicht abgetötet wird. Wäre dies der Fall, so hätte der Fisch mit zwei Faktoren zu kämpfen. Einmal müßte er das eigene, durch die Parasiten geschädigte Gewebe entgiften, und andererseits wäre sein Organismus noch mit dem artfremden Eiweiß der abgestorbenen Schmarotzer belastet.
Schließlich muß noch ein Fall erwähnt werden, der sich kürzlich bei einem unserer Freunde zutrug. Auch er hatte durch den Ichthyo seinen ganzen Besatz verloren. Sein Aquarium stand danach längere Zeit völlig fischleer. Schließlich kaufte er wieder neue Fische, und obwohl er fest davon überzeugt war, keinen weißen Punkt übersehen zu haben, mußte er nach einigen Wochen erneut diesen üblen Parasiten feststellen. Er hatte nichts an seinem Aquarium verändert, keine neue Pflanze, keine Schnecke, geschweige denn einen weiteren Fisch eingebracht. Es gab also keine vernünftige Erklärung, warum der Ichthyo wieder ausgebrochen war. Er mußte sich trotz anderslautender Meinungen noch immer im Aquarium befmnden haben.

Die Konjugation von Schwärmern

Dies ließ uns keine Ruhe, bis wir endlich erfuhren, daß Ichthyo-Schwärmer, die nach einigen Tagen noch kein Opfer gefunden haben, eine Art Paarung, die sogenannte Konjugation, eingehen können. Dieser Vorgang erhöht ihre Lebensdauer offensichtlich auf Monate hinaus. Solche Beobachtungen zeigen deutlich, daß wir uns auf nichts verlassen können. Wir müssen in solchen Fällen selbst in einem ausgestorbenen Aquarium eine Behandlung durchführen, wenn wir den Neubesatz nicht von Haus aus gefährden wollen.
Oft hört man auch, daß es günstig sei, bei einer Behandlung die Temperatur zu erhöhen. Es soll dadurch erreicht werden,

Der Entwicklungsgang des Ichthyophthyrius

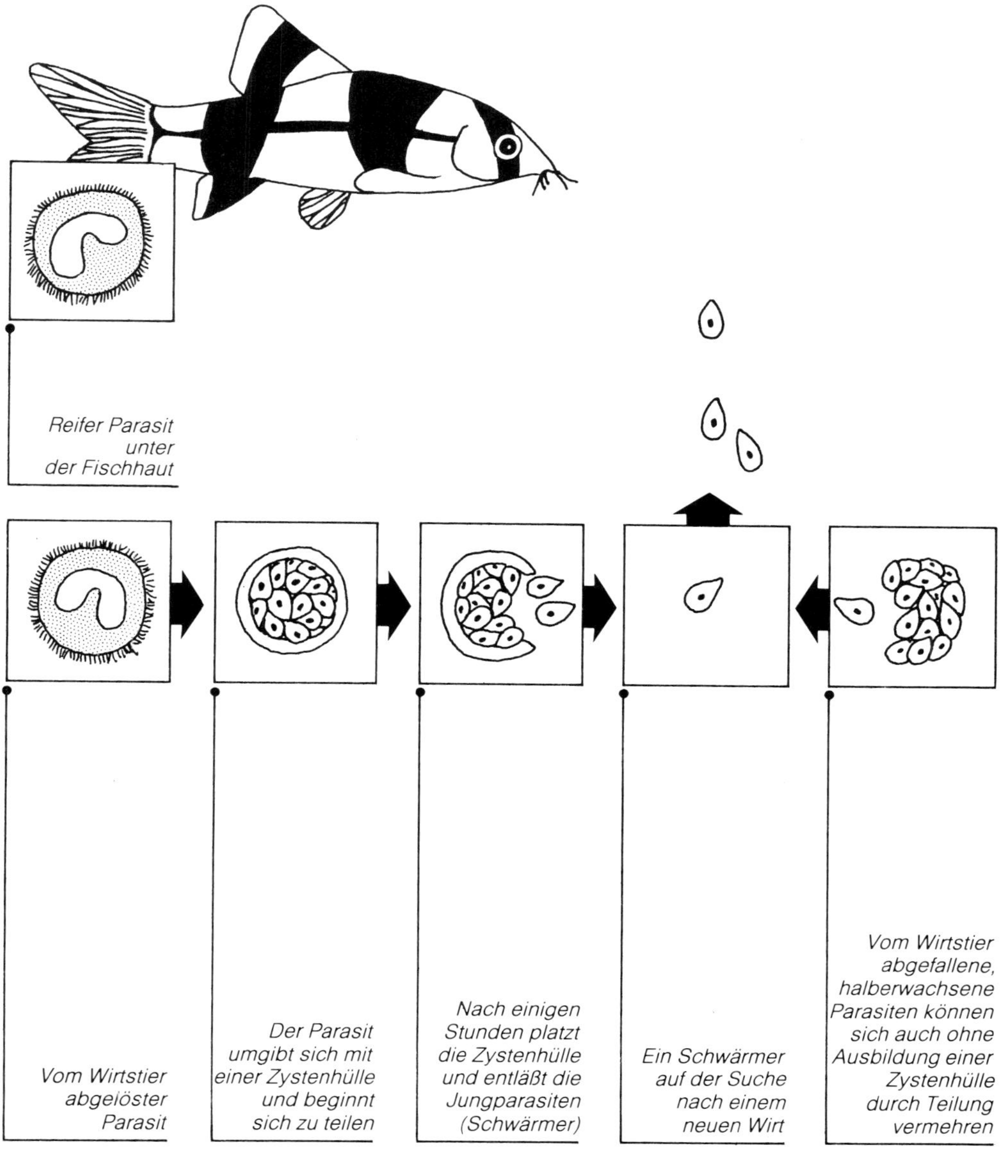

daß sich die Parasiten schneller entwikkeln und damit auch schneller den Fisch verlassen. Dies führt auch absolut zum Erfolg, wenn die Fische nur schwach befallen sind. Bei stärkerem Befall jedoch wäre dies gefährlich. Hier würde der Parasit zwar ebenso zu schnellerer Entwicklung angeregt, aber die damit verbundene Aktivität könnte den ganzen Fischbestand kosten, bevor eine Behandlung wirksam wird.

Was können wir also tun, um den Ichthyo von unserem Aquarium fernzuhalten? Wir müssen jeden neuen Fisch in Quarantäne geben, sofort vorbeugend behandeln und erst drei Wochen später in unser Aquarium setzen. Diese Methode erfordert zwar etwas Geduld, ist aber als Ausgleich dafür weitgehend sicher.

Es muß nicht immer Ichthyo sein

Doch trotz all dieser Vorkehrungen entdeckten wir nach längerer Zeit wieder ichthyoverdächtige Punkte an unseren Fischen. Als wir dann nach erfolgter Ichthyobehandlung außerdem noch feststellen mußten, daß zwar die beobachteten weißen Punkte nicht mehr, dafür aber auch nicht weniger wurden, begannen wir langsam zu resignieren. Eigenartigerweise griff diese Erkrankung nicht auf andere Fische über. Als aber nach Ablauf von vier Wochen immer noch dieselbe Punktzahl zu sehen war, schimpften wir zunächst auf unser bisher verwendetes und in unseren Augen unfehlbares Ichthyomittel. Entgegen unserer Gewohnheiten versuchten wir ein anderes. Aber auch hiermit änderte sich das Bild nicht. Wir testeten zwei weitere, konnten aber ebenfalls keinen Erfolg verbuchen. Langsam wurde uns die Sache zu bunt. Wir fingen die befallenen Fische heraus und brachten sie zu einer Untersuchungsstelle.

Die Diagnose lautete auf Sporentierchenbefall, eine Sache, die mit Ichthyo nicht das geringste zu tun hat. Von beiden Fischen wies jeder eine andere Art von Sporentiercheninfektion auf, wobei die Sporenansammlungen nach außen hin durch ihr weißes, punktförmiges Aussehen eine Ichthyoinfektion vortäuschen konnten.

Nun, wir haben uns sagen lassen, daß diese Sporozoenerkrankung, die in einem Fall vom Typ Henneguya, im anderen vom Typ Myxobolus hervorgerufen wurde, bis jetzt unter unseren Zierfischen nicht in gefährlicher Form aufgetreten ist. Nach Wochen bis Monaten wurden die Punkte allmählich immer weniger, und eines Tages war auch der letzte „ichthyoverdächtige“ Punkt verschwunden.

Außerdem erfuhren wir noch, daß auch Saugwurmlarven ein ähnliches Bild hervorrufen. Sie können unter Umständen durch ihre weißliche Außenhülle als „ichthyoverdächtig“ angesehen werden. Wir wurden bei dieser Gelegenheit belehrt, daß sie oft nicht nur unter der Haut, sondern sogar noch tiefer, in der Muskulatur sitzen.

So aber haben wir wieder eine grundlegende Erkenntnis gewonnen:

Es muß nicht immer Ichthyo sein, auch wenn es danach aussieht!

Siehe auch Tabelle Seite 67, Abb. 66 und 67

17 Sporentierchenbefall (Myxobolus)

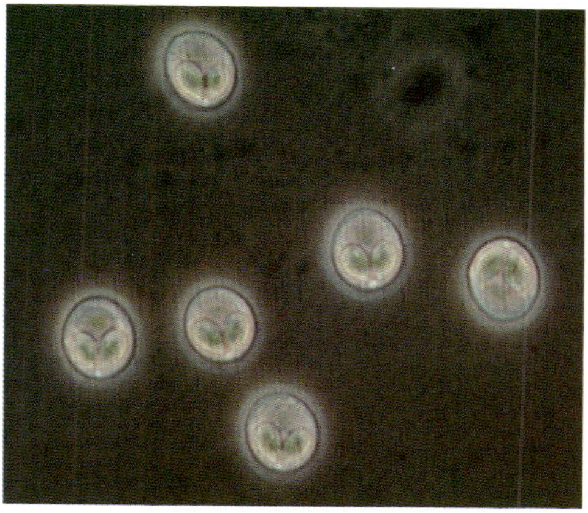

18 Sporen von Myxobolus

19 Sporentierchenbefall (Henneguya)

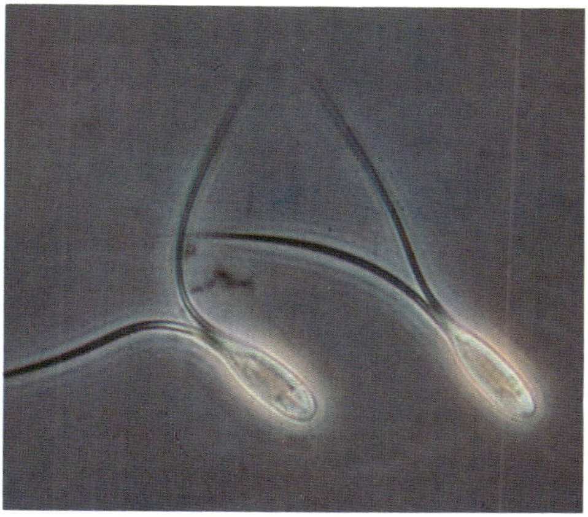

20 Sporen von Henneguya

21 Wurmlarven in der Muskulatur

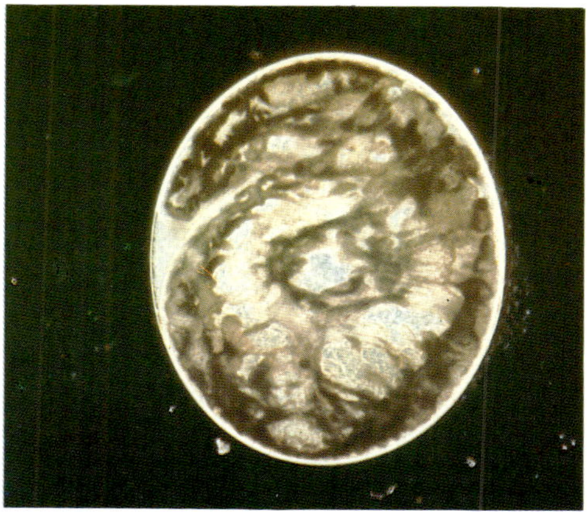

22 Saugwurmlarve in ihrer Hülle

23 Wimpelfisch (Heniochus acuminatus)

Der Meerwasserichthyo – ein übler Patron

Das erste Mal begegneten wir ihm im Korallenfischaquarium eines Freundes. Er hatte vor wenigen Tagen einen Rotfeuerfisch erworben, und bei unserem Besuch bemerkten wir lediglich auf den Flossen einige trübe Punkte. Dies eigentlich nur, weil wir es von Haus aus gewohnt waren, tagtäglich unsere Fische unter die Lupe zu nehmen. Wir machten unseren Freund darauf aufmerksam, doch er meinte, daß dem Ganzen keine größere Bedeutung zugemessen werden müsse, weil ja jeder Fisch nach dem Umsetzen Hautabschürfungen oder sonstige Flecken zeige. Wir mußten ihm in dieser Beziehung recht geben, denn auch wir hatten diese Erfahrung gemacht. Bei den gebotenen, optimalen Hälterungsbedingungen heilten die beobachteten Hautschäden immer nach wenigen Tagen von selbst ab.
Bei unserem Freund waren wir jedoch etwas skeptisch, da er seine Tiere ohne vorherige Quarantänebehandlung sofort in sein Gesellschaftsaquarium gesetzt hatte. Als wir ihn am nächsten Tag fragten, was sich nun gezeigt habe, teilte er uns lediglich mit, daß es in der Zwischenzeit nicht besser, aber auch nicht schlimmer geworden sei. Etwa zwei Wochen später erzählte er uns dann, daß er jetzt im Zentrum dieser Hauttrübung plötzlich einen weißen Punkt gesehen habe. Am nächsten Tag konnte er aber kaum noch die befallene Stelle erkennen. Das weiße Gebilde war verschwunden, und die betroffene Hautstelle schien abzuheilen. In seinen Augen war das Ganze nichts anderes als ein Furunkel.
Nach einigen Wochen wurde er jedoch unsicher. Nicht nur sein neuer, sondern auch seine alten Insassen zeigten in immer kürzer werdenden Abständen punktförmige „Furunkel", die sich jetzt nicht mehr ausschließlich auf die Flossen beschränkten, sondern bereits auf den Körper übergriffen. Sogar die Hornhaut der Augen seines Igelfisches wies eine Anzahl weißer, winziger Punkte auf.
Was lag näher, als im ersten Moment auf Oodinium zu tippen. Da wir auch keine andere Lösung wußten, rieten wir ihm, es einmal mit einem Oodiniummittel zu versuchen. Zunächst schien es zwar, als ginge der Befall zurück, doch nach wenigen Tagen steigerte er sich wieder zusehends und forderte bereits sein erstes Opfer.

Der Unterschied ist wichtig

Diesen Fisch schickten wir in eingefrorenem Zustand auf dem schnellsten Weg an unsere Untersuchungsstelle. Die Diagnose lautete: Hochgradiger Befall mit Cryptocarion irritans, einem Wimpertierchen, das mit dem Süßwasserichthyo vergleichbar ist. Der Unterschied besteht lediglich darin, daß er nicht wie der Süßwasserichthyo im Höchstfall drei Wochen zu seiner Entwicklung benötigt. Es kann ein Vierteljahr dauern, bis er sich so vermehrt hat, daß er für unsere Korallenfische problematisch wird.
Der Entwicklungsgang gleicht dem des Süßwasserichthyo. Auch er sitzt zwischen Ober- und Unterhaut seines Wirtes, und der reife Parasit verläßt den Fisch zum Zwecke der Vermehrung. Die Zeit seiner Ruhepause, in der er sich mit einer Hülle umgibt, dauert zwei bis drei Tage. Bis zur „Geburt" der Jungparasiten vergeht dann noch etwa eine Woche. Während der „Meerwasserichthyo" im allgemeinen nicht die Größe seines Gegenspielers im Süßwasser erreicht, sind seine Schwärmer genauso groß. Deshalb ist die Anzahl der aus einem Parasiten entstehenden Tochterindividuen zwangsläufig niedriger. So kommt es vor, daß dem bei unseren Korallenfischen zwar langsam, aber stetig steigenden Befall vielfach keine größere Bedeutung zugemessen wird, zumindest so lange nicht, bis die ersten Ausfälle zu verzeichnen sind.
Ichthyophthirius und viele einzellige Hauttrüber in Süß- und Meerwasser werden mit Exrapid® erfolgreich bekämpft.

Sofortige Behandlung

Es ist im Grunde genommen nicht schwierig, auch diesem Parasiten Einhalt zu gebieten. Wenn unser Freund gleich nach Sichtbarwerden des ersten Punktes auf der Flosse seines Rotfeuerfisches diesen Schmarotzer durch Zugabe eines wirksamen Mittels gestoppt hätte, so wäre er die Sorgen, die ihm dieser Parasit im weiteren Verlauf bereitete, mit einem Schlag losgewesen. So aber konnte sich der Meerwasserichthyo in aller Ruhe ausbreiten. Da er sich nur langsam vermehrte, täuschte er den Besitzer seiner Opfer, so daß dieser keinerlei Argwohn hegte. Erst als dann im kritischen Stadium alle Tiere plötzlich mit Parasiten übersät waren, sah er sich veranlaßt, Gegenmaßnahmen einzuleiten. Er mußte zwar durch diesen starken Parasitenbefall, den normalerweise kein Fisch übersteht, Verluste hinnehmen, doch konnte er wenigstens einen Teil seiner kostbaren Tiere durch Zugabe von Exrapid® retten. Wir aber wissen nun, daß wir beim „Meerwasserichthyo" noch mehr aufpassen müssen als bei seinem Kollegen im Süßwasser.

Als wir kurze Zeit später ebenfalls einen Rotfeuerfisch erwarben, wies auch unser Neuankömmling nach vierzehn Tagen Quarantänezeit an den Flossen punktförmige Hauttrübungen auf. Durch die Erfahrungen unseres Freundes gewitzt, lagen wir früh und abends auf der Lauer nach dem berühmten Punkt, um den erwachsenen Parasiten nicht zu übersehen. Unsere Geduld wurde auf eine harte Probe gestellt. Es dauerte fast drei Wochen, bis er sich endlich in voller Größe zeigte. Sofort gaben wir unser bewährtes Exrapid® in das Quarantänebecken. Am nächsten Tag saß er aber immer noch unter der Fischhaut. Auch in den darauffolgenden Tagen schien er keinerlei Lust zu verspüren, seinen Wirt zu verlassen. Wir machten uns darüber weiter keine Gedanken, denn wir waren der Meinung, es könne nicht viel passieren, da wir ein Gegenmittel in das Wasser gegeben hatten.

Der Meerwasserichthyo ist hartnäckig

Endlich, nach Verlauf von acht Tagen war der weiße Punkt verschwunden. Da jedoch unser Rotfeuerfisch etwas heikel war und immer noch Schwierigkeiten bei der Futteraufnahme machte, beließen wir ihn vorerst noch im Quarantänebecken. Wie sich später herausstellen sollte, war dies unser Glück, denn nach etwa vier Wochen zeigten sich nicht nur auf den Flossen, sondern sogar auf der Haut wiederum ichthyoverdächtige weiße Punkte. Was hatten wir bei der ersten Behandlung falsch gemacht? Wir hatten zwar unsere Gegenmaßnahme gleich nach dem Sichtbarwerden des ersten weißen Punktes eingeleitet, doch erst acht Tage später hatte sich dieser weiße Punkt vom Fisch gelöst. Da das Mittel vom Meerwasser inzwischen abgebaut und damit unwirksam gemacht wurde, konnte sich der Meerwasserichthyo ungehindert vermehren.

Auf jeden Fall: nachdosieren

Als wir dann noch einmal die Gebrauchsanweisung durchstudierten, mußten wir zu unserem Entsetzen feststellen, daß wir sie vorher nur halb gelesen hatten. Deutlich stand geschrieben, daß man spätestens nach drei bis vier Tagen in voller Höhe nachdosieren müsse, wenn sich in der Zwischenzeit der Parasit nicht vom Fisch gelöst habe.

Vom Süßwasserichthyo her wissen wir, daß sich nur die im freien Wasser befindlichen Stadien therapeutisch erfassen lassen. Im Gegensatz zu seinem Süßwasser-Verwandten läßt sich aber unser Cryptocarion mehr Zeit, um sich von seinem Wirt zu lösen. Deshalb muß so lange nachdosiert werden, bis der letzte Parasit unseren Fisch verlassen hat.

Auch Parasiten haben ihre Eigenarten. Obwohl sie nur aus einer einzigen Zelle bestehen, zeigen sich dennoch grundverschiedene Lebensäußerungen. Wir müssen dem Rechnung tragen und unsere Gegenmaßnahmen individuell einleiten. Mit „Schema F" ist es – wie dieses Beispiel zeigt – nicht getan.

Siehe auch Tabelle Seite 69, Abb. 68 und 69

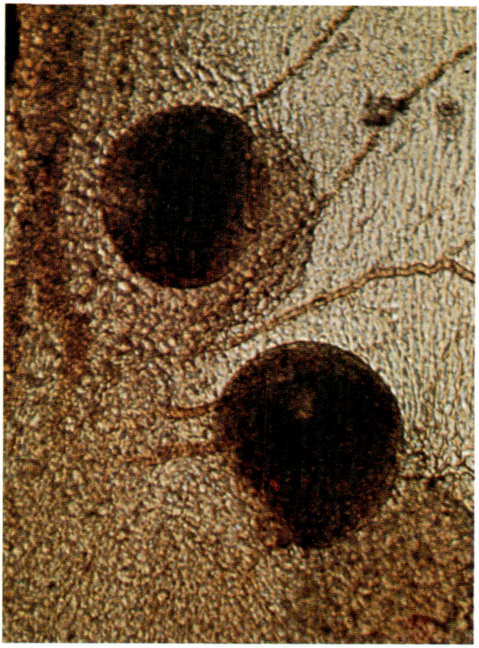
24 Meerwasserichthyo unter der Haut

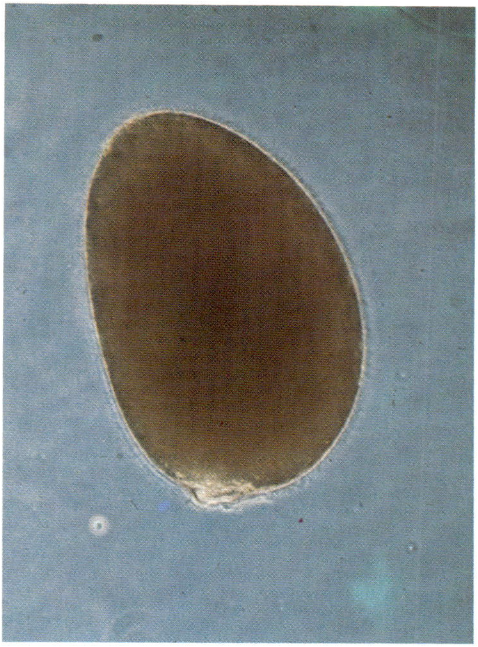
25 Reifer Parasit

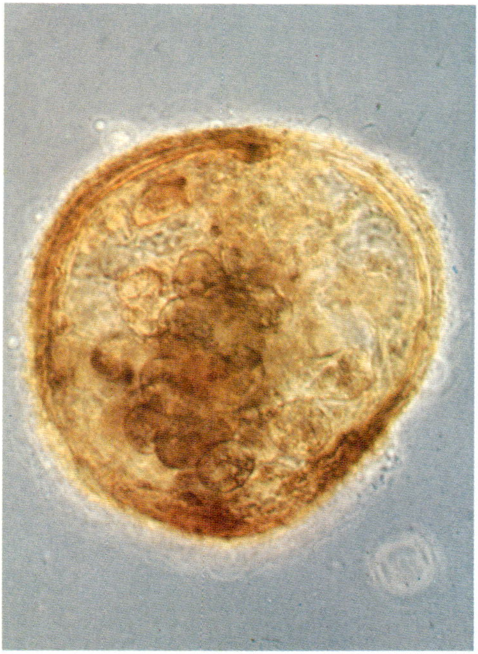
26 Zyste mit Jungparasiten

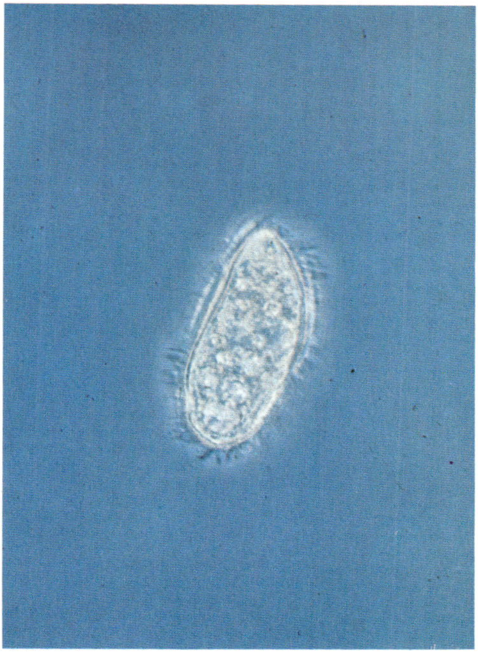
27 Einzelner Schwärmer

Noch einmal weiße Punkte

Wir waren gerade dabei, uns ein Asienaquarium mit verschiedenen Barbenarten und den entsprechenden dort vorkommenden Pflanzen, also ein sogenanntes Biotop-Aquarium, zu schaffen. Unser bisheriges Gesellschaftsaquarium, worin sich Fische aus allen Erdteilen tummelten, haben wir aus diesem Grunde aufgegeben. Nur Asienfische behielten wir zurück, die übrigen Sorten vertauschten wir gegen Barbenarten.
So schwammen in unserem Quarantänebecken unter anderem auch Purpurkopfbarben, Keilfleckbarben und Kardinalfische. Zuerst konnten wir bei den Keilfleckbarben die ersten bekannten Erscheinungen wie Flossenklemmen, Schaukeln und schließlich eine größere Anzahl winziger weißer Punkte beobachten. Diese Punkte waren zwar mit dem bloßen Auge kaum auszumachen, aber trotzdem lautete unsere Diagnose auf heranwachsenden Ichthyo. Da aber – wie gesagt – die Punkte nur sehr klein waren, wollten wir sie noch ein paar Tage wachsen lassen, um unser Medikament dann parallel zum Entwicklungsgang einsetzen zu können. Doch die beobachteten weißen Punkte sollten nicht größer werden, und wenige Tage später glaubten wir – zu unserem Schrecken – an den Purpurkopfbarben und auch an den Kardinalfischen einen weißlichen, staubzuckerartigen Belag feststellen zu können. Am besten konnten wir dies sehen, wenn uns die Fische entgegenschwammen, d. h., wenn wir sie von vorne betrachteten.
Wenn auch der Befund nicht mehr ganz typisch erschien, tippten wir immer noch auf Ichthyo. So nahmen wir also unser bewährtes Exrapid® und trauten unseren Augen kaum, als schon am nächsten Tag unsere Fische parasitenfrei waren. Dieser schnelle Erfolg war uns zwar nicht ganz geheuer, doch blieben wir trotzdem bei unserer Vermutung, daß es sich hier um eine besonders kleinbleibende Ichthyo-Art gehandelt habe.

Der Entwicklungsgang von Oodinium

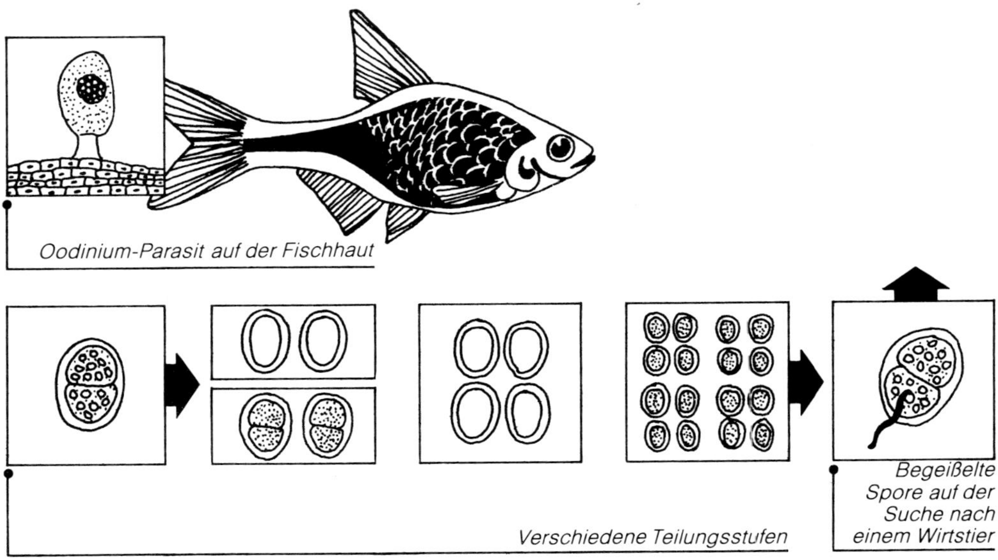

Erst einige Wochen später sollte sich die Sache aufklären. Wir besuchten einen Killifischzüchter und entdeckten in dessen Krankenstation genau denselben Befall, den wir an unseren Keilfleckbarben beobachtet hatten. Natürlich prahlten wir sofort mit unserem Wissen und erwähnten unsere Erfahrungen mit diesem „Mini-Ichthyo". Es wäre allerdings klüger gewesen zu schweigen, denn unser Killifischzüchter erklärte uns, daß hier keineswegs von „Ichthyo" die Rede sein könne, sondern vielmehr von Süßwasseroodinium. Besonders anfällig dagegen seien Barben und, wie das Beispiel zeigt, auch eierlegende Zahnkarpfen.

Ein interessanter Außenparasit

Bei dieser Gelegenheit erfuhren wir noch manches Interessante über diesen Parasiten: Sein lateinischer Name lautet Oodinium pillularis, und er gehört zur Gruppe der Geißeltiere oder Flagellaten. Es handelt sich um einen echten Außenparasiten, der auf der Hautoberfläche sitzt. Zur Verankerung im Wirtsgewebe dienen ihm wurzelartige Saugfüßchen, die gleichzeitig dazu befähigt sind, Nahrungssäfte aus ihrer Unterlage zu entnehmen. Außerdem hörten wir noch, daß auch bei diesem Parasiten der gegenwärtige Zustand seines Opfers eine große Rolle spiele. Wenn unsere Fische durch vorangegangene Hungerperioden oder durch unzulängliche Hälterungsbedingungen geschwächt sind, dann erst bieten sie optimale Voraussetzungen für Schmarotzer und ganz besonders für Oodinium. Nebenbei erfuhren wir noch, daß sich Oodinium auf ganz ähnliche Weise fortpflanzt, wie wir es vom Ichthyo her kennen, also mit Hilfe von Zysten- und Sporenbildung.
Wir erzählten nun, daß wir gegen diesen Parasiten mit Exrapid® so schnellen Erfolg hatten. Diese Erfahrung wurde uns dahingehend bestätigt, daß Oodinium einerseits als ungeschützter Außenparasit relativ leicht bekämpfbar sei, jedoch andererseits keineswegs auf jedes Ichthyo-Mittel anspreche. Zum Glück hatten wir auf Anhieb das Richtige gefunden!

Siehe auch Tabelle Seite 70, Abb. 70

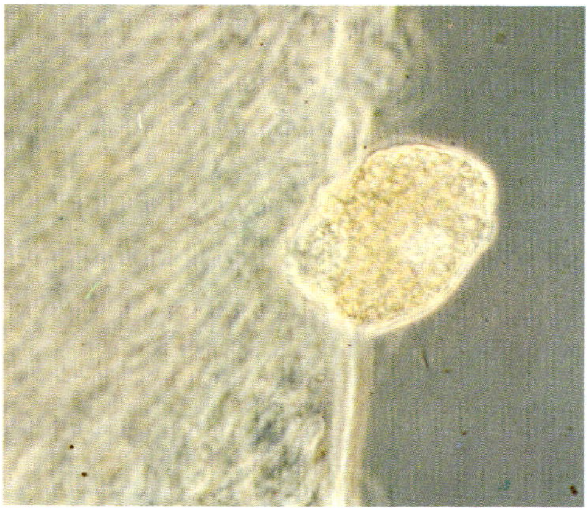

28 Süßwasser-Oodinium: Parasit

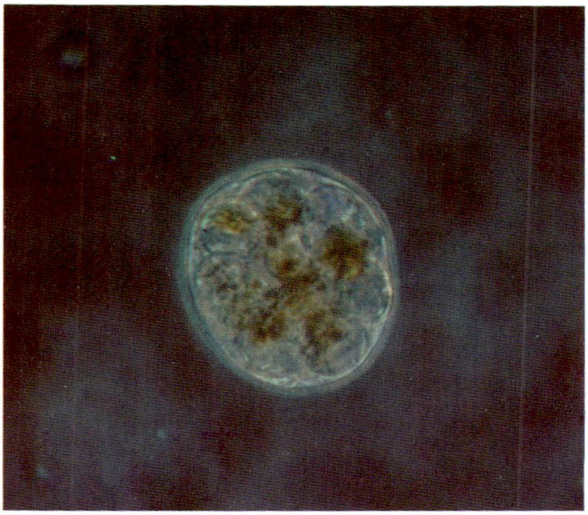

29 Süßwasser-Oodinium: Zyste in Teilung

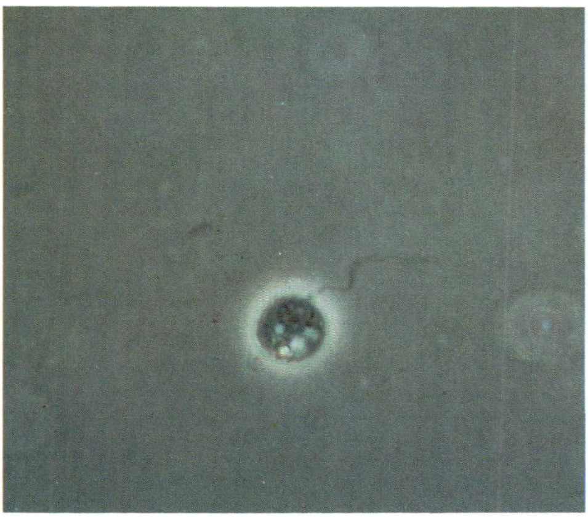

30 Süßwasser-Oodinium: einzelne Spore

Meerwasser-Oodinium auf Haut und Kiemen

Oft wirft der Meerwasseraquarianer alles in einen Topf. Gleichgültig ob Flecken, Punkte oder ein milchiger Hautbelag, alles ist für ihn Oodinium, und mit dem Allerweltsheilmittel Kupfersulfat wird eine Bekämpfungsaktion gestartet.
Er sieht sich bestätigt, wenn am nächsten Tag die beobachteten Erscheinungen weitgehend verschwunden sind. Um so größer ist allerdings die Enttäuschung, wenn einmal dieses „Wundermittel" nicht den gewünschten Erfolg bringt. Dies kommt oft genug vor, denn was größer ist als ein Viertelmillimeter, ist niemals Oodinium. Nur ein milchig-trüber, puder- bzw. mehlartig-weißlicher Belag kann als ein deutliches Merkmal für wirkliches Oodinium gelten. Einzelne Punkte oder gar Flecken dagegen sind alles andere, nur kein Oodinium.

Gezielte Behandlung ist wichtig

Größerflächige oder gar punktartige Hautdefekte sind zumeist bedingt durch die Besiedelung einer verletzten Hautstelle mit Bakterien oder anderen einzelligen Lebewesen. Auch kleine, punktförmige Hauttrübungen können hierdurch hervorgerufen werden. In solchen Fällen hat man es aber oft genug mit Meerwasserichthyo zu tun. Wenn also die obligatorische Kupferbehandlung versagt, müssen wir, ob wir wollen oder nicht, zu gezielten Behandlungsmethoden greifen.
Leider hat der Erreger der sogenannten Korallenfischkrankheit – Oodinium ocellatum – seinen Lebenswandel erheblich geändert. Noch vor einigen Jahren saß er fast ausschließlich auf der Haut und bildete den berüchtigten samtigen Belag. Heutzutage hat er sich jedoch weitgehend auf den Bereich der Kiemenregion spezialisiert. Es kann so weit kommen, daß auf der Haut der betroffenen Korallenfische nicht das Geringste auffällt. Die Fische jedoch stehen, mit gespreizten, weitabstehenden Kiemendeckeln heftig atmend, in einer Ecke des Aquariums. Wenn also unsere Fische schneller atmen als normal, wenn sie die Kopfregion an irgendwelchen Dekorationsmaterial wetzen und wenn sie mit geöffnetem Maul im Luftstrom des Ausströmers stehen, dann müssen wir mit einem Befall der Atemorgane durch Oodinium rechnen.
Wir können zwar normales Hautoodinium mit Kupfersulfat bekämpfen, Kiemenoodinium jedoch läßt sich dadurch kaum beeindrucken. Was sollen wir nun in einem solchen Fall tun? Wir müssen nach dem Präparat greifen, das in beiden Fällen Hilfe bringt.
Die Fortpflanzung dieses Parasiten ist ähnlich der des Süßwasserichthyo. Der reife Parasit löst sich vom Fisch, setzt sich an einem geeigneten Ort zur Ruhe nieder und umgibt sich mit einer sogenannten Zystenhülle. Im weiteren Verlauf spaltet sich der Zellinhalt in ebenfalls ca. 250 Tochterindividuen auf. Diese Jungparasiten werden jedoch nicht als „Schwärmer", sondern als „Sporen" bezeichnet. Ihre Suche nach einem neuen Opfer wird durch Eigenbewegung mit Hilfe von zwei geißelartigen Anhängseln begünstigt. Trifft eine Spore auf einen Fisch, so verwendet sie diese beiden bisherigen Fortbewegungsorgane als Anker. Ist sie an einem zusagenden Ort angelangt, platzt nach wenigen Stunden die Sporenkapsel auf und entläßt einen jungen Oodiniumparasiten. Der Entwicklungsgang, die Ablösung vom Fisch bis zum Entlassen der jungen, bewegungsfähigen Sporen, dauert unter normalen Temperaturbedingungen etwa drei bis vier Tage.

Wirkungsvolle Bekämpfung

Da Oodinium in seinen verschiedenen Erscheinungsformen und Arten als wirklicher Außenparasit zu gelten hat, kann die Therapie zu jeder Zeit durchgeführt werden. Je früher wir das allerdings tun, desto größer ist die Überlebenschance unserer Pfleglinge. Bei Kiemenoodinium gilt dasselbe. Je frühzeitiger wir eine vorliegende Kiemenoodinium-Erkrankung erkennen, desto günstiger sind die Heilungschancen. Wenn die Tiere bereits aus Atemnot an der Oberfläche nach Luft schnappen, können wir nur noch auf ein Wunder hoffen. Deshalb müssen wir bei unserem Oodinium notgedrungen darauf achten, eine Wirksubstanz zu verwenden, die nicht nur solchen Erregern Einhalt gebietet, die Flecken und Punkte erzeugen, sondern auch wirklich Oodinium bekämpft. Auf jeden Fall wissen wir heute, daß Oodinium nicht unbedingt als Hauterkrankung auftreten muß. Wir haben die beschriebenen Erkennungsmerkmale in einer Reihe von Fällen überprüft. Es scheint tatsächlich zuzutreffen, daß ein Hautbefall meist erst dann auftritt, wenn die Parasiten auf den Kiemen keinen Platz mehr finden, und deshalb empfiehlt es sich, lieber gleich mit Tetra MarinOomed zu arbeiten, bevor es nach anderweitigen vergeblichen Versuchen zu spät ist.

Siehe auch Tabelle Seite 72, Abb. 71 und 72

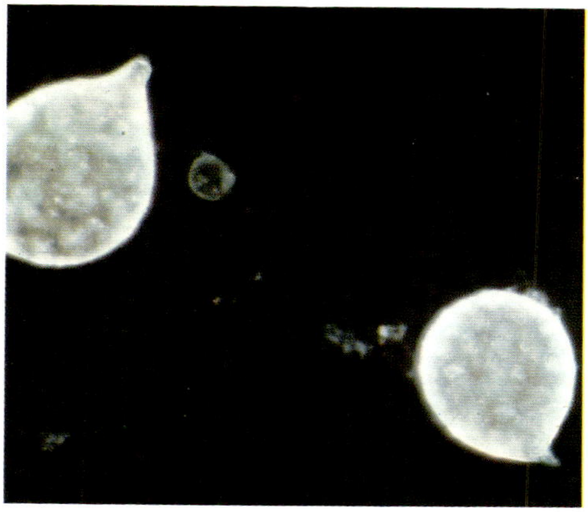

31 Meerwasser-Oodinium: Parasiten

32 Meerwasser-Oodinium: Zyste in Teilung

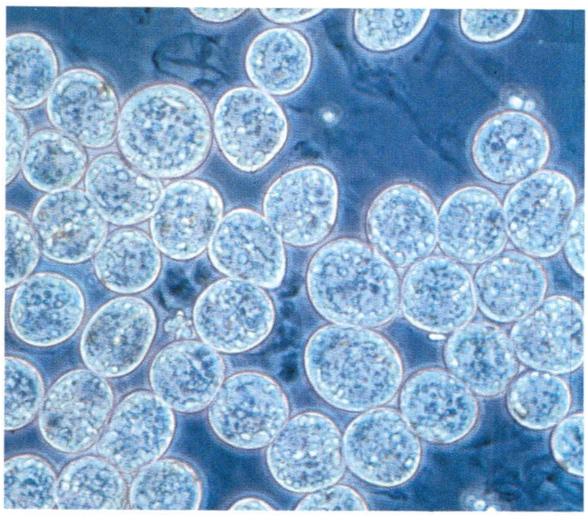

33 Meerwasser-Oodinium: Sporen

Hauttrübungen aller Art

In unserer Nachbarschaft wohnt ein älterer Herr, der schon seit Jahren im Ruhestand lebt. Als großer Naturfreund kam er in immer kürzeren Abständen zu uns, um sich unsere Aquarien anzusehen. Eines Tages überraschte er uns mit der Feststellung, daß er sich auch ein Aquarium angeschafft habe und darin die verschiedensten Zuchtformen des Goldfisches, wie Schleierschwanz oder Teleskopaugenfisch, pflege. Wir boten ihm sogleich unsere Hilfe an, aber er lehnte dankend ab mit dem Hinweis, er habe bei uns schon so viel gelernt, daß er gut und gern alles allein machen könne.

Er lud uns jedoch zu einer Besichtigung seines Aquariums ein, und das erste, was wir mit unserem bereits geübten Auge sahen, war ein schwarzer Teleskopschleierschwanz, dessen Haut eine milchig-weiße Trübung zeigte. Bei den anderen, hellfarbigen Fischen war bei genauem Hinsehen ebenfalls eine solche Trübung feststellbar, und außerdem entdeckten wir leicht angefressene Flossenenden.

Trotz aller bisherigen Erfahrungen konnten wir keine sichere Diagnose stellen und baten daher den Herrn, einen solchen Fisch herauszufangen und zu unserer Untersuchungsstelle zu bringen. Wir hatten zunächst ein schlechtes Gewissen, weil es sich „nur" um einen Goldfisch handelte. Aber der Leiter der Untersuchungsstelle zeigte sich darüber keineswegs erstaunt. Er erklärte uns, daß er jedem Fisch, gleichgültig ob Diskus oder Goldfisch, dasselbe Interesse entgegenbringe und immer bereit sei zu helfen, wo er nur könne.

Er ging auch gleich an die Arbeit und machte von dem Fisch mit Hilfe einer lanzettförmigen Nadel einen Hautabstrich. Dieser wurde mit einem Wassertropfen auf ein Glasplättchen, einen sogenannten Objektträger, deponiert und das Ganze dann mit einem hauchdünnen Deckplättchen abgedeckt.

Da ist Bewegung drin

Kaum hatte er einen Blick durch das Mikroskop geworfen, forderte er uns auf, auch einmal hindurchzusehen. Wir konnten ganz klar erkennen: hier rührte sich etwas, und dort bewegte es sich. Auf unsere Bitte, er solle uns einmal das Ganze etwas näher erklären, stellte er fest, wir hätten ihm hier einen Fall geliefert, der nur sehr selten vorkommt. Alle sogenannten Hauttrüber konnte er uns in natura vorführen. Der Goldfisch unseres Nachbarn war für uns in dieser Hinsicht wirklich Gold wert.

So zeigte er uns als erstes den kleinen bohnenförmigen Hauttrüber, Ichthyobodo (Costia). Nach weiterem kurzem Suchen offerierte er uns den großen, herzförmigen Hauttrüber, das Wimpertierchen Chilodonella. Den größten Eindruck hinterließ jedoch die ebenfalls zu den Wimpertierchen gehörende also mit einem beweglichen Wimperkleid versehene Trichodina. Mit Hilfe ihres Wimperkranzes kann sie sich in kreisende Bewegung versetzen. Ihre Körperform ist mit einer „fliegenden Untertasse" zu vergleichen. Die dem Fisch zugewandte Seite weist naturgemäß die Mundöffnung auf. Sie ist mit einem Hornkranz umgeben, der mit einer Reihe von Hornzähnchen bewaffnet ist. Damit, bei gleichzeitiger rotierender Bewegung, raspelt sich dieser Schmarotzer einige Fischzellen aus seiner Unterlage heraus, um sie dann zu verspeisen. Auch andere Wimpertierchen bekamen wir zu sehen, wie Hemiophrys und Tetrahymena, die sich als Folgeparasiten an den Überresten gütlich tun.

In diesem Zusammenhang erklärte er uns, daß wir gerade bei einer solchen Mischinfektion streng darauf achten müßten, immer ein Präparat mit einer großen Wirkungsbreite zu verwenden, da selbst eine Unzahl nichtparasitärer Lebewesen für die befallenen Fische tödlich sein könne, auch wenn alle eigentlichen Parasiten beseitigt seien. Wir als Aquarianer müßten einem derartigen Fall immer Rechnung tragen, und er empfahl uns wieder einmal das bewährte Exrapid®.

Doch dies war noch lange nicht alles. Wir wurden noch einmal ans Mikroskop gebeten, und in unserem Blickfeld tauchte ein längliches Etwas auf, das auf der einen Seite ein mehrzipfeliges Ende aufwies, auf der anderen Seite aber eine abgerundete Körperstelle, in deren Zentrum zwei spazierstockähnliche Haken lagen. Wir wurden belehrt, daß es sich um einen Hautsaugwurm mit seinem charakteristischen Vorder- und Hinterende handle.

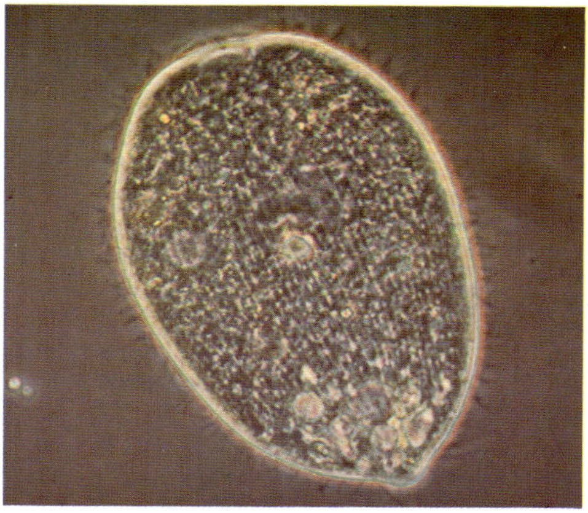

34 Großer Hauttrüber (Chilodonella)

35 Der Hautschmarotzer Trichodina

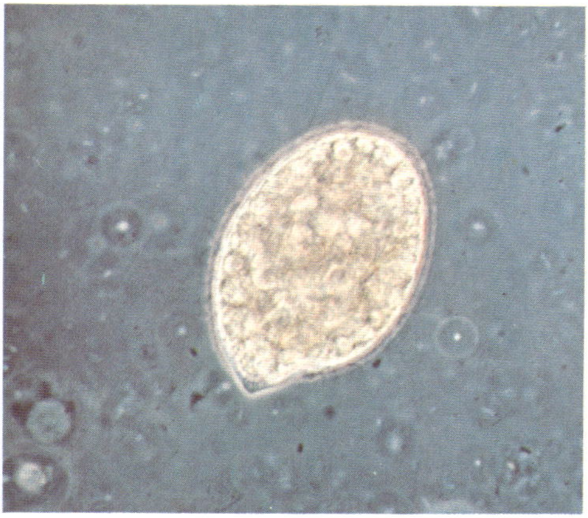

36 Tetrahymena

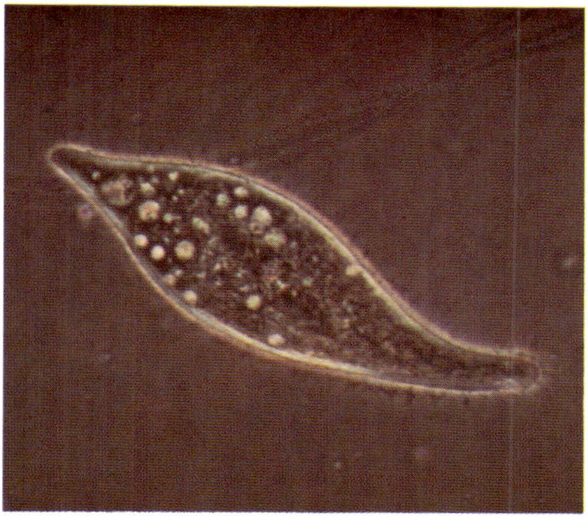

37 Hemiophrys

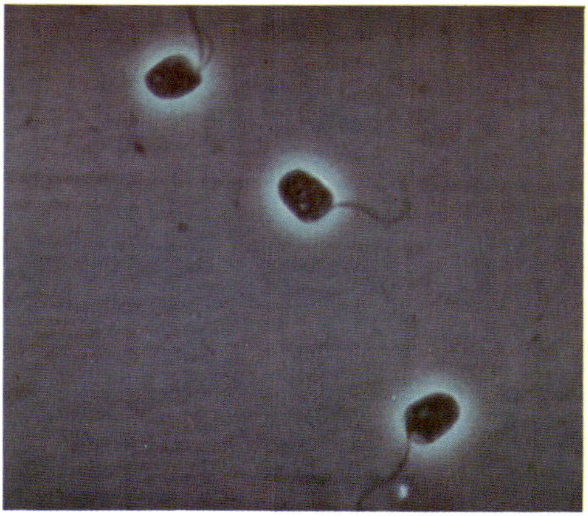

38 Kleiner Hauttrüber (Costia)

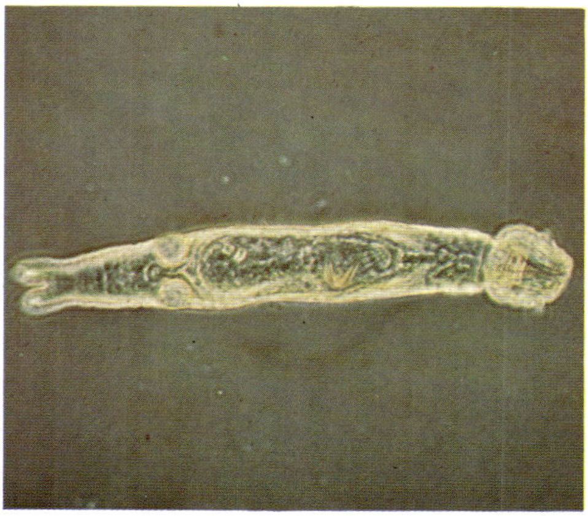

39 Auch Saugwürmer verursachen Hauttrübungen

Die Umweltverhältnisse müssen stimmen

Man gab uns wiederum deutlich zu verstehen, daß derartige Erscheinungen meist erst nach vorangegangener Schädigung der Umweltverhältnisse auftreten. Wir sahen daher auch endgültig ein, daß jede Massenvermehrung von Parasiten auf unseren Fischen in erster Linie auf solche Umstände zurückgeführt werden müsse.
So war es auch hier. Unser Nachbar hatte geglaubt, in einem neueingerichteten Aquarium alle Parasiten durch optimale Hälterungsbedingungen ausschalten zu können. Er erzählte uns, daß er jeden Tag sein Goldfischaquarium vollkommen entleert habe, um den Kies durchzuwaschen und die Scheiben zu putzen. Auf unsere erstaunte Frage gab er uns zur Antwort, daß das Wasser täglich trüb war und die Scheiben einen schmierigen Belag aufwiesen. Er erzählte uns auch, daß seine Fische immer „futterschnappend" an der Oberfläche standen. So habe er auch mehrmals seine Fische „teelöffelweise" mit Flockenfutter gefüttert, um zu sehen, ob sie nicht doch einmal satt würden.
Plötzlich stellten wir fest, daß der gute Mann nicht einmal eine Durchlüftungspumpe besaß, und somit war es klar, daß seine Fische nicht futtersuchend, sondern aus Atemnot an der Oberfläche „Luft" geschnappt hatten. Wir erklärten ihm auch, daß ein Goldfisch zwar ein sehr hungriger Geselle sei, aber trotzdem mit einer einmaligen täglichen Fütterung auskomme. Außerdem empfahlen wir ihm einen häufigen, aber immer nur teilweisen Wasserwechsel. Schließlich sah er ein, daß er durch unsachgemäße Pflege die Widerstandskraft seiner Fische so herabgesetzt hatte, daß sich die vorhandenen Parasiten munter ausbreiten konnten.

Gegenmaßnahmen

Gleichzeitig bat er uns, ihm bei der Behandlung seiner erkrankten Fische behilflich zu sein. Dies stellte uns vor ein größeres Problem. Wir kannten kein Mittel, welches gleichzeitig gegen einzellige Hautparasiten und gegen Hautsaugwürmer wirkt. Zwei verschiedene Präparate aber gleichzeitig anwenden wollten wir keinesfalls. Wir waren immer wieder davor gewarnt worden, weil oft die Wirkstoffe von verschiedenen Medikamenten zusammen Unverträglichkeiten ergeben.
So entschlossen wir uns, zuerst mit Exrapid® die einzelligen Hauttrüber zu beseitigen. Nach Ablauf einer Woche wechselten wir zweimal ein Drittel des Wassers und setzten dann GYROTOX® gegen die Hautsaugwürmer ein. Es verlief alles programmgemäß, und unser Nachbar versprach uns, in Zukunft immer unseren Rat einzuholen, wenn sich neue Probleme mit seinem Aquarium ergeben sollten.

Siehe auch Tabelle Seite 74, Abb. 73 und 74

Entwicklungsgang von Ichthyobodo (Costia)

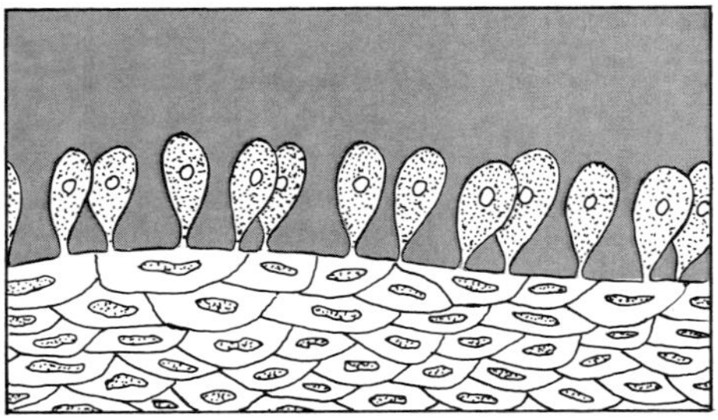

A. Einzellige Schwächeparasiten der Gattung Costia auf der Fischhaut

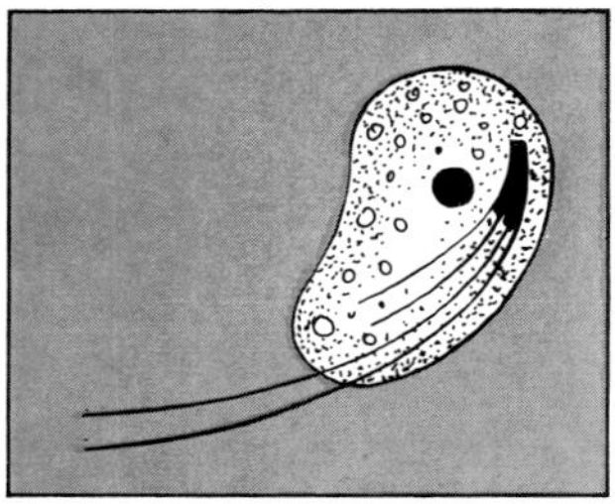

B. Abgefallener Parasit sucht mit Hilfe beweglicher Geißeln nach einem neuen Opfer

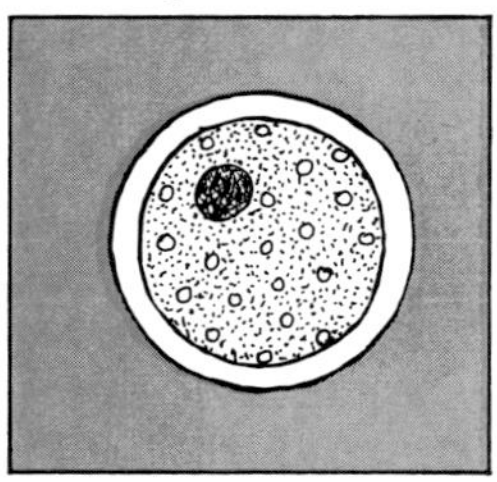

C. Gegen Austrocknung schützt sich die Costia durch Ausbilden einer dicken Außenhülle

Eine harte Nuß – Oodinioides vastator

Eigentlich war es unseres Nachbarn Schuld, aber im Grunde genommen wollte er nichts anderes, als uns für den Samariterdienst an seinen Fischen eine Freude bereiten. Auf jeden Fall brachte er eines Tages einen großen Plastikbeutel mit zwei Nilhechten, auch Tapir- oder Elefantenrüsselfische genannt. Wer ihm diesen von uns lange gehegten Wunschtraum verraten hatte, sagte er uns nicht. Uns schwebte schon lange ein Aquarium vor, worin wir solche eigenartigen Fische zusammen mit anderen Arten halten konnten. Die Angehörigen dieser Familie senden nämlich zur Ortung der Umgebung in ihren trüben Heimatgewässern sogenannte Radarwellen aus. Wir sahen anläßlich einer Ausstellung in einem Aquarium solche Fische, wobei die abgegebenen „Wellen" durch Mikrofon, Verstärker und Lautsprecher hörbar gemacht wurden.
Natürlich kamen auch diese Tiere zuerst in unser Quarantänebecken, das noch mit einer Anzahl Kirschflecksalmler besetzt war.

Schnelle Atmung und leichte Hauttrübung

Bei näherer Betrachtung fiel uns zunächst eine ziemlich hektische Atmung auf. Vielleicht atmen die Tiere normalerweise so schnell, sagten wir uns, denn mit dieser Art von Fischen hatten wir bisher keine Erfahrung. Die leicht rötlichen, kaum sichtbaren Hauttrübungen führten wir auf die anscheinend größere Empfindlichkeit der Haut dieser Tiere zurück.
Am nächsten Tag zeigten dann einzelne Hautstellen auffällige Schleimhautverdikkungen. Als wir am Abend wieder nachsahen, hatten sich die milchigen Auflagerungen erheblich vergrößert. Das Erscheinungsbild erinnerte uns im ersten Moment an die Schleimhauttrübungen der Goldfische unseres Nachbarn. So leiteten wir auch sofort unsere bereits bei den Goldfischen erfolgreich verlaufenen Behandlungen ein. Leider hatten wir diesmal nicht den Nagel auf den Kopf getroffen. Am nächsten Morgen fanden wir unsere Nilhechte in erbarmungswürdigem Zustand wieder. Die Haut löste sich in Fetzen ab und am Abend war es dann auch zu Ende. Wir konnten uns auf das Ganze keinen Vers machen und suchten in unserer Not wieder die Fischuntersuchungsstelle auf.
Nach der üblichen Untersuchung von Kiemen und Haut hörten wir, daß es sich um einen neuen, in diesem Institut entdeckten Erreger handelt, den man aufgrund seines variablen Erscheinungsbildes entweder bis dahin nicht einzustufen wußte oder aber dessen Vermehrungsstadien zu irgendwelchen anderen einzelligen Lebewesen gezählt wurden. Das Aussehen der heranwachsenden Stadien ist so mannigfaltig, daß man sich hier nächtelang damit beschäftigen mußte, um hinter das Geheimnis der Zugehörigkeit jenes Schmarotzers zu kommen. Erst nach jahrelangen Bemühungen ist es gelungen, diesen erbarmungslos zuschlagenden Parasiten zu bestimmen. Es ist ein Einzeller, der wahrscheinlich in jedem Aquarium zu Hause ist, jedoch nur dann in Erscheinung tritt, wenn Fische durch unzulängliche Hälterungsbedingungen in ihren Abwehrkräften geschwächt sind.

Akute Erkrankung und chronischer Zustand

Man unterscheidet im Grunde genommen zwischen einer akuten, schnell verlaufenden Erkrankung und einem chronischen, langsam dahinschwelenden Zustand. Die erste Form, das akute Stadium, ist im wesentlichen bei frisch importierten Fischen zu beobachten. In unseren Aquarien tritt jedoch häufiger die chronische, schleichend verlaufende Form dieser Krankheit auf. So kam es auch, daß einige unserer Kirschflecksalmler plötzlich einen langsam immer größer werdenden gallertigen Belag bekamen. Andere Fische wiederum, wie z. B. bestimmte Arten von Njassaseecichliden, zeigten uns einen Befall durch eine ganz allmähliche Verminderung der Brust-, vor allen Dingen aber der Schwanzflossen an. Bei Lebendgebärenden, wie Schwertträgern, Guppys und

Platys, haben die bekannten Einschmelzungen der Schwanzflosse meist dieselbe Ursache. Wiederum andere Fische leiden unter einem ausschließlichen Kiemenbefall und dadurch verursachter Atemnot.

Achtung bei frisch importierten Fischen

Nach bisherigen Untersuchungen ist es ein sehr heimtückischer Parasit, der in der Zwischenzeit die ganze Welt erobert haben dürfte. Auch in unserer Untersuchungsstelle wurde er erstmalig auf afrikanischen Fischen gefunden. Im Augenblick kommen wir Aquarianer noch kaum mit diesem Parasiten in Berührung. Es kann uns jedoch passieren, daß wir in diesen Teufelskreis hineingeraten, wenn wir frisch importierte Fische unsachgemäß umsetzen. Diese Gefahr ist immer gegeben, doch kann sie mit Einfühlungsvermögen und Umsicht weitgehend gebannt werden. Schon allein das sachgerechte Umsetzen kann den Ausschlag geben. Optimale Hälterungsbedingungen, eingespieltes Wasser und grundlegende Kenntnisse über die Nahrungsbedürfnisse sind auch hier von entscheidender Bedeutung.

Interessante Vermehrung

Da dieser besagte Einzeller zur Gruppe der oodiniumähnlichen gerechnet wird, also zu den Panzergeißeltierchen, waren wir natürlich im ersten Moment versucht, ihm auch dieselben Fortpflanzungseigenschaften anzudichten, welche weitgehend auch denen des Ichthyo gleichen. In diesem Fall mußten wir uns jedoch eines anderen belehren lassen, nämlich, daß dieser Parasit nach bisherigen Beobachtungen sich zu Vermehrungszwecken nicht vom Wirt trennt. Er bildet vielmehr seine, wie wir bereits gehört haben, als Sporen bezeichneten, infektionstüchtigen Vermehrungsstadien direkt am Fisch aus. Diese können sowohl grün als auch braun gefärbt sein. Ein Teil begibt sich anscheinend in das freie Wasser, um einen neuen Wirt aufzusuchen, die andere Hälfte verbleibt jedoch auf dem Fisch und bohrt sich tiefer in das Gewebe ein. An einem günstigen Nahrungsplatz angelangt, beginnt der Zyklus von neuem. Je stärker der Fisch durch unzulängliche Wasserverhältnisse geschädigt ist und je mehr Parasiten ihn belasten desto schneller schreitet die Erkrankung fort. Unter zusagenden Bedingungen kann die Ausbreitung so stark sein, daß das befallene Opfer schon innerhalb eines Tages verendet. Wenn neuerworbene Tiere nur einige wenige Parasiten mitbringen und die gebotenen Bedingungen nicht ausgesprochen unzureichend sind, kann sich dieser Schmarotzer nicht in so kurzer Zeit voll entfalten. Aber er hat ja Zeit. Bei dieser Art der gebremsten Entwicklung dringt er eigenartigerweise immer tiefer in den Fisch selbst ein. Bis heute sind aber die Lebensäußerungen dieses Parasiten noch nicht restlos erforscht.

Wichtig sind sofortige Gegenmaßnahmen

Eine Bekämpfung der auf Haut und Atemorganen sitzenden Parasitenstadien kennen wir heute, wir können also die akute Verlaufsform mit Exrapid® bremsen. Sind jedoch im Stadium einer langsam fortschreitenden Erkrankung z. B. auch nur einige Parasiten in das Körperinnere unseres Fisches gelangt und zeigen uns dies durch beginnende Flosseneinschmelzung an, so bleibt uns nur die Möglichkeit, durch Schaffung bester Umweltbedingungen und naturgerechter Fütterung eine Selbstheilung zu veranlassen.
Klarer kann die Gegenreaktion bei diesem anscheinend im Kommen begriffenen Schmarotzer nicht formuliert werden: als Außenparasit im Frühstadium erkannt, ist seine Bekämpfung mit Exrapid® möglich. Einmal in den Körper eingedrungen, muß sich der Fischorganismus selbst dagegen wehren. Es ist daher grundsätzlich empfehlenswert, schon beim geringsten Verdacht eine vorbeugende Behandlung im Quarantänebecken durchzuführen. Nur so haben wir eine kleine Chance, größeres Unheil abzuwenden.

Siehe auch Tabelle Seite 76, Abb. 75 und 76

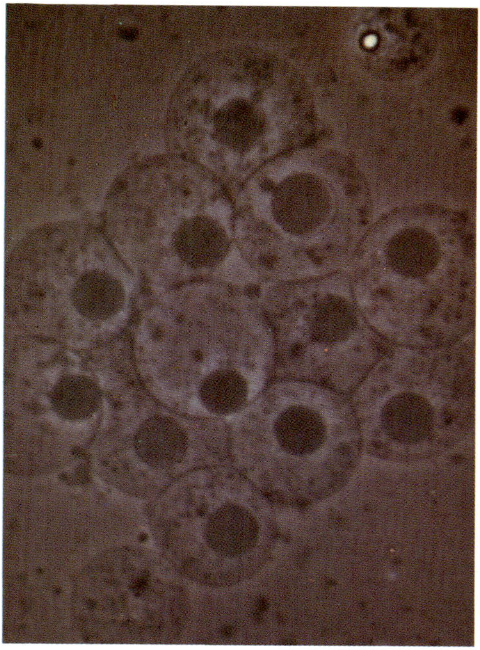

40 *Junge Oodinioides-Parasiten*

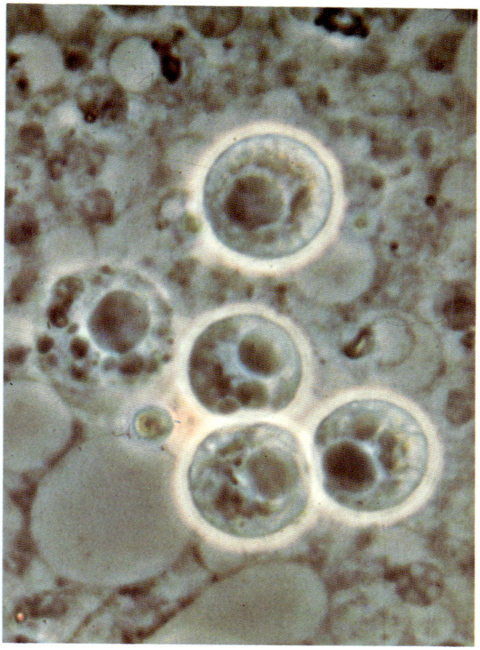

41 *Erwachsene Oodinioides-Parasiten*

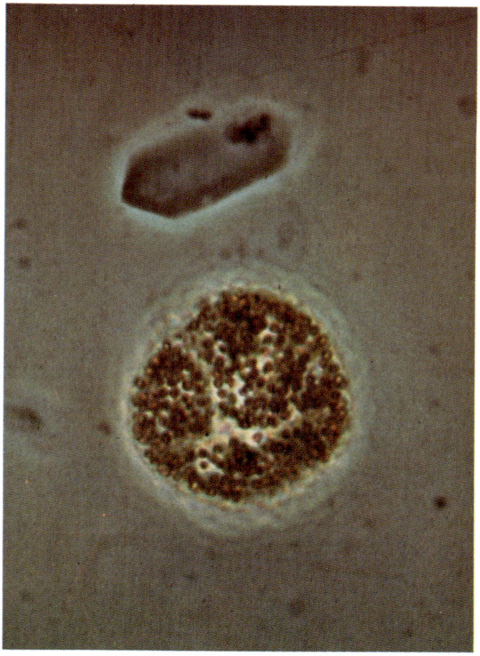

42 *Durch Teilung entstehen Sporen*

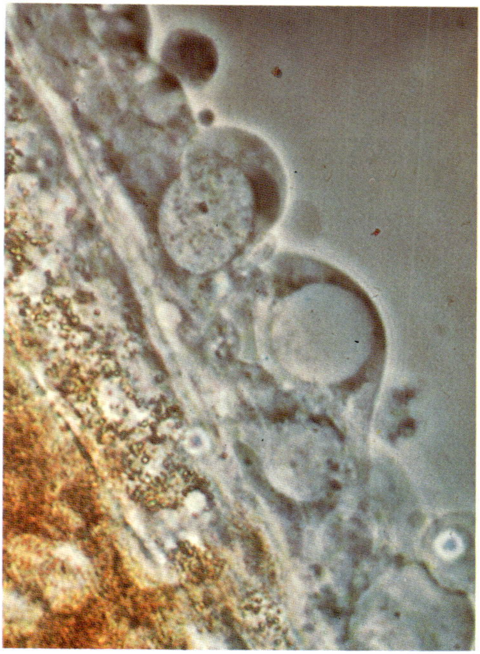

43 *Schnitt durch befallene Hautstelle*

Die Karpfenlaus und andere verdächtige Gestalten

Unser Nachbar hatte wiederum einmal Sorgen mit seinen Fischen. Er erzählte uns in diesem Zusammenhang, daß einige seiner Neuerwerbungen vereinzelt stark blutunterlaufene Flecken zeigen und daß an der betreffenden Stelle ein stabförmiges Gebilde mit einem Gabelschwanz hervorrage. Zum Schluß fügte er noch hinzu, daß bereits zwei seiner Tiere an dieser rätselhaften Sache eingegangen seien.
Wir sahen uns dadurch veranlaßt, so schnell wie möglich nach dem Rechten zu sehen. Zunächst machten wir uns Gedanken darüber, was dies wohl sein könne. Wir hatten eine solche Erscheinung bisher noch nicht erlebt. Wir wälzten Literatur, erkundigten uns bei Freunden und fanden schließlich heraus, daß dieser charakteristische Gabelschwanz eindeutig auf den Kleinkrebs Lernaea hinweist.

Die Stäbchenkrankheit

Kaum etwas deutet bei diesem Schmarotzer darauf hin, daß er mit dem Cyclops, dem Hüpferling verwandt ist. Das zweizipfelige Hinterende läßt sich noch am leichtesten identifizieren. Es handelt sich um die beiden Eipakete, die wir auch vom Cyclops her kennen.
Dieser Teil des stabförmig gebauten Krebschens ragt aus der Fischoberfläche heraus, während der Kopf bis zu einem Blutgefäß vordringt. Durch Kontraktionen des Darmes wird eine Saugwirkung erzeugt und somit das Blutgefäß im wahrsten Sinne des Wortes „angezapft". Es ist nicht schwer einzusehen, daß dieser eineinhalb Zentimeter lang werdende Schmarotzer einen erheblichen Nahrungsverbrauch hat. Wenn mehrere ausgewachsene Parasiten auf einem relativ kleinen Fisch sitzen, so kann dessen Schicksal bald besiegelt sein.

Ein Kleinkrebs, der überwintern kann

Um alles genau zu wissen, befaßten wir uns auch noch mit der Fortpflanzung dieses Krebses. Wir stellten dabei fest, daß unsere Lernaea ein Saisonparasit ist, der während der kalten Jahreszeit in sogenannten „Dauereiern" überwintert. Erst im beginnenden Frühjahr, wenn das Wasser sich erwärmt, kommen aus den Eiern die winzig kleinen Larven dieses Schmarotzers hervor. Schon während dieses Stadiums führen sie eine parasitierende Lebensweise und häuten sich mehrmals. Die neue, noch dehnbare Haut ist bereits vorgebildet und erhärtet sich wenige Minuten nach Abwerfen des alten Kleides. Schließlich bohrt sich dieser Kleinkrebs in die Haut eines Fisches und versucht, an ein nährstoffreiches Blutgefäß zu gelangen. So jedenfalls liegen die Verhältnisse in unseren heimischen Gewässern. Es gibt aber auch tropische Formen, die gelegentlich mit Importtieren zu uns gelangen.
Allerdings ist dieser Parasit kaum in der Lage, sich im Aquarium zu vermehren. Man kann den Schmarotzer nur „einschleppen", wobei er jedoch bei stärkerem Befall erheblichen Schaden anrichtet.

Hilfe mit der Pinzette

Wir erzählten dies alles unserem Nachbarn und empfahlen ihm, die Parasiten vorsichtig mit einer Pinzette herauszuziehen, weil wir gelesen hatten, daß die Bekämpfung sehr schwierig sei.
Wir hätten uns gerne selbst darum gekümmert, doch den schönen Sommertag wollten wir zu einer Futterfangtour ausnutzen. So kamen wir zu einem Dorfweiher, in welchem sich einige Enten schwimmend und gründelnd vergnügten. Ein Bauer dieses idyllischen Dörfchens kam hinzu. Er hatte entweder Angst um seine Enten, oder aber er war sich nicht klar darüber, warum wir uns an seinem Weiher zu schaffen machten. Er verwickelte uns in ein Gespräch, und nachdem wir ihm nach bestem Wissen und Gewissen erklärt hatten, was wir wollten, erzählte er uns, daß kürzlich irgend jemand den

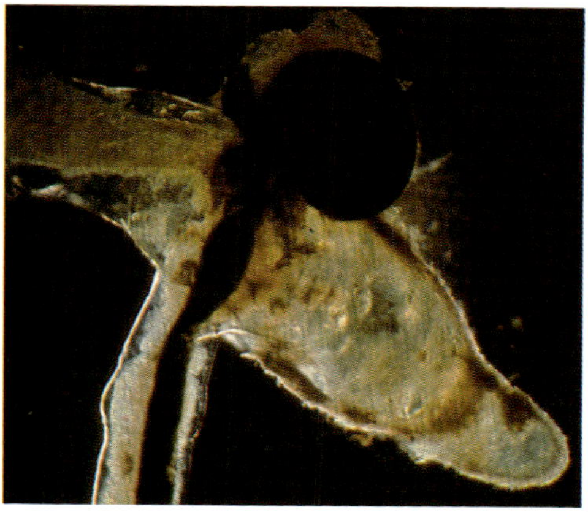

44 Kopf des Stäbchenkrebses Lernaea

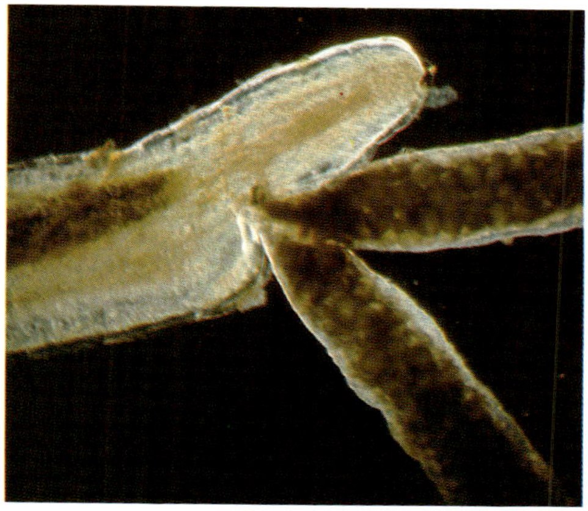

45 Hinterleib mit Eipaketen

46 Karpfenlaus

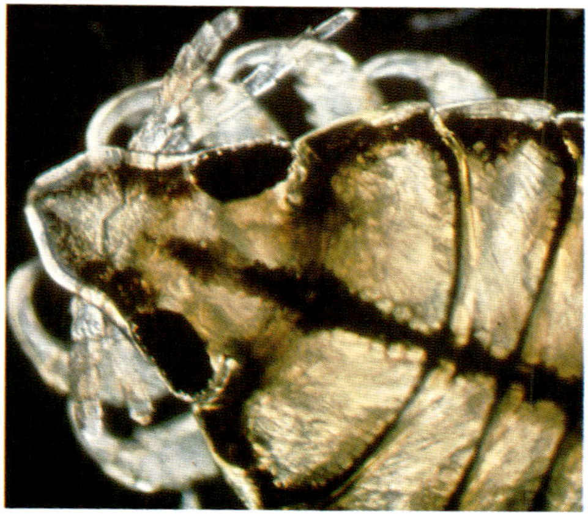

47 Fischassel

48 Hautkrebschen

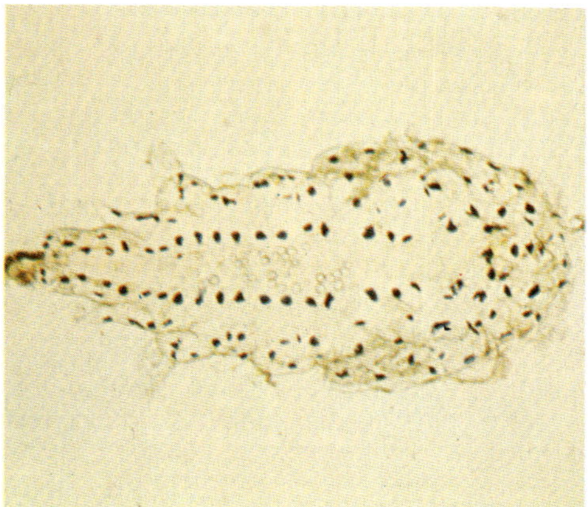

49 Flossenkrebschen (Mimikry)

Teich mit einer Unzahl von verschiedenen Fischen bestückt habe.

Hier heißt es aufpassen!

Bei dieser Äußerung wurden wir natürlich sofort hellwach. Es besteht nämlich immer der Verdacht, daß wir uns mit Lebendfutter aus einem fischbesetzten Teich den Ichthyo einhandeln können. Andererseits aber beruhigten wir unser Gewissen, weil wir glaubten, daß die ebenfalls in erheblicher Menge vorhandenen Wasserflöhe und Hüpferlinge den Ichthyo als gefragtes Beutetier ansehen. Wenn dies nicht so wäre, könnten wir uns nicht vorstellen, wieso dieser Parasit in einem natürlichen Milieu nur als Einzelindividuum auftritt. Eine Massenvermehrung, wie wir sie aus unseren Aquarien kennen, findet in der Natur kaum statt.
Wir verfütterten also sorglos unsere Beute und waren sehr überrascht, als am nächsten Morgen in unserem Aquarium fünf Neonfische das Zeitliche gesegnet hatten. Trotz genauester Beobachtung erfreuten sich jedoch alle übrigen Neons und sämtliche anderen Fische bester Gesundheit. Erst am anderen Tag konnten wir wiederum das Ableben von weiteren drei Fischen feststellen.
Wir mußten uns mit diesem Lebendfutter aus einem fischbesetzten Teich einen heimtückischen, nicht sichtbaren Parasiten eingehandelt haben.

Angriff aus dem Hinterhalt

In Gedanken um die Ursache des rätselhaften Sterbens setzten wir uns vor unser Aquarium. Plötzlich löste sich aus dem Dschungel der Unterwasserblätter ein flaches, halbzentimeter großes Etwas. Es schwirrte durch das Wasser, und sobald es in die Nähe des Fisches kam, schien es einen Angriff zu starten. Der Angegriffene floh sofort, und das besagte Lebewesen begab sich erneut auf die Suche.
Dieses vermeintliche „Futtertier" erregte unseren Verdacht. Wir durchforschten die Literatur und fanden eine Abbildung, die haargenau auf unser beobachtetes Untier zutraf. Argulus bzw. Karpfenlaus stand darunter. Wir wollten natürlich mehr darüber wissen und erfuhren zunächst einmal, daß es sich hier auch um ein Krebstierchen handelt, das mit seinem Stech- und Saugrüssel Fische ansticht und ihnen Blut- und Körperflüssigkeit entzieht. Dieser nur während der Nachtzeit auf Nahrungssuche ziehende Schmarotzer könnte ohne weiteres für den Tod unserer Fische verantwortlich sein.
Wir sagten uns nämlich, daß ein Blutsauger in dieser Größe einem kleinen Neonfisch mehr Lebenskraft entzieht, als dieser vertragen kann. Da jedoch die Blutmenge eines einzelnen Neons nicht ausreicht, um seinen Hunger zu stillen, sucht er sich ein nächstes Opfer. Alle diese von ihm während der Nachtzeit erreichten Opfer saugt er sozusagen bis zum letzten Blutstropfen aus. Kein Wunder, daß wir jeden Morgen die Reste seiner Tätigkeit im Aquarium fanden. Wir versuchten sofort, diesen mörderischen Störenfried herauszufangen, was uns nach längeren Bemühungen auch gelang.

Noch ein Blutsauger

Leider bot sich am nächsten Tag trotzdem das gleiche Bild. Wiederum lagen leblose Neons am Boden. Es mußte sich also noch eine weitere Karpfenlaus in unserem Aquarium befinden. Nachdem das Licht gelöscht war, warteten wir noch kurze Zeit, um anschließend, bewaffnet mit unserer starken Taschenlampe, dem Übeltäter auf die Spur zu kommen. Doch selbst nach intensiver Suche konnten wir keine weitere Karpfenlaus entdecken. Das einzige, was wir während dieses „Kontrollganges" fanden, war ein asselähnliches Lebewesen. Wir kannten die Wasserassel schon lange als harmloses Tier. Hier fiel uns lediglich auf, daß die Assel nicht, wie wir es gewohnt waren, sich kriechend fortbewegte, sondern frei im Wasser schwamm. Als wir dann noch sahen, wie dieses Tier auf einem unserer Neonfische landete, stand unser Verdacht fest. Wir fingen den Fisch samt Assel heraus, und da sich diese gleich vom Fisch löste, war es nicht schwer, sie in ein kleines Gläschen zu geben, welches wir am nächsten Tag zu unserer Untersuchungsstelle bringen wollten. Hier erfuhren wir, daß es sich tatsächlich um eine schmarotzende Fischassel handelt, die ähnlich wie die Kar-

pfenlaus Blut und Körpersäfte aus dem Opfer saugt und damit einem kleinen Fisch durchaus gefährlich werden kann.
Auch sollte es noch weitere krebsartige Schmarotzer geben. Sie besiedeln ebenfalls die Fischhaut oder sitzen in den Kiemen. Doch selbst in der Untersuchungsstelle bekommt man diese Krebse nur selten zu Gesicht, weil sie meist schon bei der geringsten Störung von ihrem Opfer ablassen.
Gleichzeitig wurde uns auch empfohlen, nach Möglichkeit immer lebende Fische zur Untersuchung zu bringen, weil die meisten Außenparasiten einen toten Fisch sofort verlassen. Deshalb könne man oft an toten Fischen keine Parasiten mehr finden.
Leider mußten wir hören, daß es bisher gegen diese Krebse und Asseln im Zoofachhandel kein wirksames Präparat gibt. Es bleibt also nichts anderes übrig, als Lernaeen vorsichtig mit der Pinzette zu entfernen, Karpfenläuse und Asseln jedoch in nächtlicher Jagd herauszufangen.

Siehe auch Tabellen Seite 78, Abb. 77, und Seite 80, Abb. 78

Wieder weiße Punkte, aber diesmal ganz anders

Unser Nachbar schien doch tatsächlich ein Pechvogel zu sein. Er hatte sich Mosaikfadenfische zugelegt, und schon wenige Tage, nachdem diese Fische in seinem Aquarium schwammen, mußte er zu seinem Entsetzen an den Flossenenden weiße Punkte feststellen. Diesmal rief er uns gleich zu Hilfe, und wir kamen sofort, um das neue Malheur zu begutachten.
Schon auf den ersten Blick konnten wir sehen, daß es sich diesmal nicht um Ichthyo handelte. Die Punkte saßen in traubiger oder, noch besser gesagt, in „blumenkohlartiger" Zusammenballung an den Flossenspitzen. Auch schienen sie uns für Ichthyo viel zu groß zu sein.
Da wir uns – wie gesagt – keineswegs sicher waren, zögerten wir auch mit dem Beginn einer Behandlung. Als wir jedoch hörten, daß die Punkte von Tag zu Tag mehr wurden, kamen uns ernstliche Bedenken. Wir erinnerten uns allerdings, schon irgendwann von derartig angehäuften Punkten gehört zu haben, und nach entsprechendem Suchen in Fachzeitschriften und Literatur fanden wir bestätigt, daß diese Erscheinung als Lymphocystis bekannt ist.

Ein Virus-Lymphocystis

Doch diesmal waren weder Wimper- noch Geißeltierchen dafür verantwortlich zu machen, sondern ein Virus. Ein derartiger kugelförmiger Punkt ist im Grunde genommen nichts anderes als eine Fischzelle, die durch die in ihr enthaltenen Viren diese enorme Größe angenommen hat. Bei einer gewissen Dichte treten dann einzelne Viren aus und besiedeln benachbarte Zellen. So entstehen allmählich die trauben- oder blumenkohlähnlichen Gebilde.
Dieses Virus kann sich auch in die Blutbahn verirren, und so bietet sich ihm die Möglichkeit, sich in den verschiedensten Organen festzusetzen. Wir können aber nur einen von außen sichtbaren Befall erkennen.

Negative Umweltverhältnisse

Wie auch bei anderen Parasiten, so trifft es hier ebenfalls zu, daß dieses Virus offensichtlich nur in bereits geschädigten Zellen Fuß fassen kann. Wasserverunreinigungen, niedrige Temperaturen, Sauerstoffmangel und was sonst noch an negativen Einflüssen möglich sind, äußern sich immer in erster Linie in einer Schädigung der Hautzellen. Besonders Flossenenden scheinen gefährdet zu sein, und hier findet unser Virus auch meist den ersten Angriffspunkt. Werden nun durch schlechte Umweltverhältnisse Hautzellen am Körper geschädigt, so kann unser Virus auch hier zugreifen. Auf dem Wege über den Blutkreislauf kann so allmählich der ganze Fisch befallen werden. Dieses Lymphocystis-Virus taucht niemals plötzlich in unseren Aquarien auf, sondern kann wie unser Sorgenkind Oodinioides als Transport- bzw. Eingewöhnungsschaden betrachtet werden. Alteingewöhnte Fische sind nach den bisherigen Erfahrungen gegen Lymphocystis weitgehend gefeit.

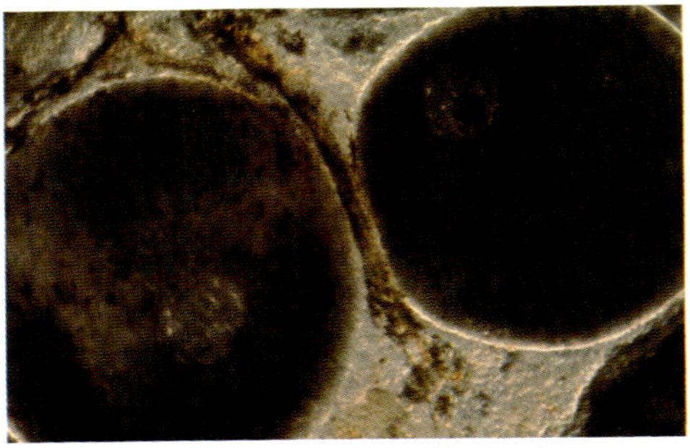

50 Mit Lymphocystis befallene Fischzellen

Viele Meerwasserfische sind anfällig

Im Süßwasser sind nur einige Cichliden und Labyrinthfische gegen Lymphocystis empfindlich. Im Brackwasser kann diese Erscheinung vornehmlich an Argus und Silberflossenblättern beobachtet werden. Die größte Ausbreitung scheint Lymphocystis jedoch im Meerwasser zu haben. Hier finden wir dieses Virus auf den verschiedensten Fischarten.

Jetzt wollten wir natürlich wissen, ob man auch etwas dagegen tun kann. Nachdem wir uns bereits so gut vorgebildet hatten, telefonierten wir mit der Untersuchungsstelle. Wir hörten, daß es am besten sei, einen Befall an Flossenenden mit einer scharfen Schere abzuschneiden. Bei Körperbefall könne nur ein rezeptpflichtiges Antibiotikum Hilfe bringen. Ganz allgemein muß jedoch gesagt werden, daß diese „Kugelkrankheit" im Laufe einiger Zeit häufig von selbst verschwindet, wenn man für beste Umweltbedingungen sorgt.
Gerade dies wollten wir selber ausprobieren. Wir beschafften uns einen erheblich mit Lymphocystis befallenen Kaiserfisch und setzten ihn in unser gut eingespieltes und technisch bestens ausgestattetes Quarantänebecken. Wir ernährten den Fisch so abwechslungsreich wie möglich, sorgten auch für ausreichende Vitamingabe (LIQUI-fit®) und für regelmäßigen Wasserwechsel. Tatsächlich wurden die weißen Knötchen immer weniger, und nach etwa vier Wochen waren auch die letzten verschwunden. Für uns war dies der Beweis, daß Lymphocystis nur unter schlechten Bedingungen wirklich Fuß fassen kann.
Lymphocystis ist nicht der einzige Virus.
Außer Lymphocystis sind in der letzten Zeit weitere Virus-Erkrankungen bei Süßwasser- und Meeresfischen bekannt geworden. Auf deren Aufzählung wir jedoch bewußt verzichten, da eine einwandfreie Diagnose nur von einem Virologen erstellt werden kann. Ebensowenig kann über eine wirksame Bekämpfung gesprochen werden, und so soll auch hier der Grundsatz gelten, daß saubere Umweltverhältnisse als die beste und einzige Therapie gelten, die der Ausbreitung einer Virus-Erkrankung Einhalt gebietet.

Siehe auch Tabelle Seite 82, Abb. 79 und 80

Der entfärbte Neon

Als unser Hausmeister wegen eines defekten Wasserhahnes in unsere Wohnung kam, war er von unserem Aquarium hellauf begeistert. Wir maßen der ganzen Angelegenheit keine größere Bedeutung bei und dachten uns lediglich, daß dies eine momentane Laune sei. Um so mehr waren wir überrascht, als er uns eines Tages einlud, sein eigenes Aquarium zu besichtigen. So stiegen wir am selben Abend ein Stockwerk tiefer, denn mit einem Hausmeister sollte man sich immer gut stellen.
Auch er war der Farbenpracht des Neonfisches erlegen. Auf jeden Fall schwammen mehr als zwanzig Stück in seinem erst vor kurzem eingerichteten Aquarium. Das Ganze machte noch keinen biologischen Eindruck. Auch das Verhalten der Neonfische erschien uns etwas eigenartig. Sie standen ruhig an einem Platz, und bei genauerem Hinsehen entdeckten wir sogar einen, der fast wie ein Albino aussah.
Etwas Genaueres wußen wir mit diesem Fisch nicht anzufangen und konnten lediglich feststellen, daß er anscheinend von innen heraus weiß zu werden begann. Wir verabschiedeten uns von unserem Hausmeister und versprachen, ihm mit Rat und Tat zur Seite zu stehen.

Plistophora ist heimtückisch

Allerdings fühlten wir uns nicht wohl in unserer Haut, nachdem wir diesen weißen, offensichtlich kranken Neon gesehen hatten. Ein untrügliches Gefühl sagte uns, daß hier etwas nicht ganz stimmen konnte. Der weiße Neon unseres Hausmeisters ließ uns keine Ruhe. Wir blätterten gerade in unserem Fischkrankheitenbuch, als das Telefon läutete. Am Apparat war der Leiter unserer Untersuchungsstelle. Er fragte, ob wir ihm für Fotozwecke einen Plistophorakranken Neon beschaffen könnten. Wir hatten zwar noch nie etwas von Plistophora gehört, doch kam uns gleich der Verdacht, daß hier vielleicht ein derart „entfärbter" Neon gemeint sein könne. Dies wurde uns auch bestätigt.
Wir versprachen, einen solchen Fisch zu besorgen, und erbaten uns als Gegenlei-

51 Beginnende Plistophora-Infektion

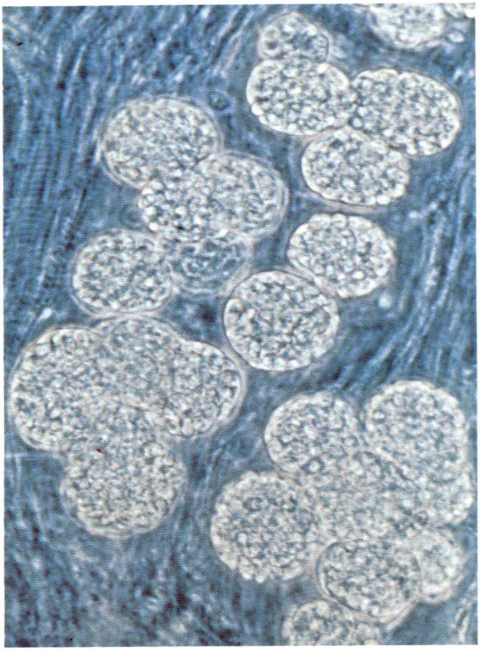

52 *Sporenbehälter (Pansporoblasten)*

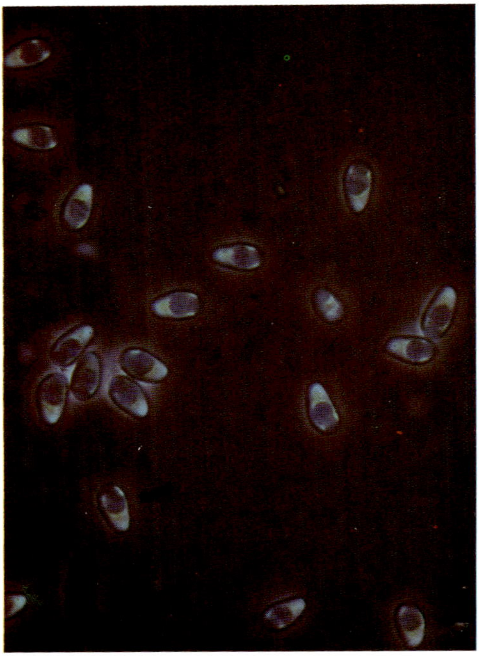

53 *Einzelne Plistophora Sporen (Neonkrankheit)*

stung eine genaue Beschreibung dieser für uns neuen Krankheit.
Es wurde uns erklärt, daß die weißen Stellen nicht auf eine Trübung der Schleimhaut zurückzuführen sind, sondern unter der Haut zu suchen seien. Diesmal gehört der Erreger zu den Sporentierchen. Die Vermehrungsstadien solcher Sporentierchen haben es nicht so leicht so wie die Schwärmer des Ichthyo. Sie haben keine Eigenbewegungsmöglichkeit und müssen sich darauf verlassen, im Zuge der Wasser- oder Futteraufnahme eines Fisches in den Organismus zu gelangen.

Übertragung durch Kannibalismus

Meist geht die Verbreitung so vor sich, daß ein erkrankter Neon stirbt und von seinen Artgenossen verspeist wird. Auf solche Weise werden oft durch einen Fisch viele andere infiziert. Nicht nur Neonfische, auch andere Salmler, sogar Barben und Welse, um nur einige zu nennen, können in Mitleidenschaft gezogen werden.
In der Muskulatur eines solchen Neonfisches befindet sich eine große Anzahl ovaler bis runder Gebilde, die in ihrem Inneren winzig kleine, eiförmige Teilchen beherbergen. Das große Gebilde bezeichnet man als Pansporoblast, die darin enthaltenen Einzelindividuen als Sporen.
Wenn ein Fisch auch nur eine Spore aufgenommen hat, schlüpft hieraus in seinen Verdauungsorganen ein kleines Eiweißgebilde. Es widersteht den Verdauungssäften und hat genug Eigenbewegung, um sich durch die Darmwand zu bohren und in ein benachbartes Blutgefäß einzudringen. Meist wandert es in den Bereich der Rückenmuskulatur und findet hier die entsprechenden Vermehrungsbedingungen.
Leider besteht auch heute noch die beste Methode zur Bekämpfung dieser Krankheit darin, befallene Fische aus dem Aquarium herauszufangen, bevor sie sterben und von den anderen als willkommene Zusatzkost betrachtet werden. Wir können also einen derart erkrankten Fisch nicht heilen, aber immerhin die anderen Insassen des Aquariums weitgehend vor Ansteckung schützen.

Siehe auch Tabelle Seite 84, Abb. 81 und 82

Das leidige Thema „Schimmelpilze“

Verletzungen sind gefährlich

Dieses Mal waren wir wieder selbst an der Reihe. Wir wollten es einmal mit einem Brackwasseraquarium versuchen und waren gerade dabei, einige Argus-, Schützen- und Kugelfische langsam an die ihnen zusagende Salzdichte von 1,010 bis 1,015 zu gewöhnen. Da mußten wir erleben, wie der frechste unserer Kugelfische erst einem Argus- und anschließend einem Schützenfisch ein erhebliches Stück aus der Rückenflosse herauszwickte.

Wir waren darüber nicht zu sehr beunruhigt, denn wir wußten ja, daß Flossenschäden bei optimalen Bedingungen schnell von selbst heilen. Doch diesmal verlief alles ganz anders. Am nächsten Tag bildete sich an den Rändern der ausgebissenen Flossenenden ein weißer, verdickter Wulst. Später kam es zu watteartigen Fäden, und nach weiteren 24 Stunden wuchsen sich diese zu einer Art Wattebausch aus. Wir glaubten, geradezu sehen zu können, wie sich die ganze Angelegenheit von Minute zu Minute vermehrte.

Irgendwann haben wir doch schon einmal einen ähnlichen Fall gesehen? Jetzt erinnerten wir uns. Als wir letztes Jahr im Frühjahr bei einem Bekannten zu Besuch waren, der sich ein Freilandbecken für Goldfische angelegt hatte, zeigten die darin ausgesetzten Tiere ebenfalls einen derartigen Belag. Auf unsere Frage erklärte uns damals der Besitzer, daß dies eine Art Schimmelpilz sei, der nach einigen Wochen von selbst wieder verschwinden werde.

Es war uns klar, daß so ein „Schimmelpilz“ nur dann entstehen kann, wenn ein Zersetzungsprozeß stattfindet. Bei unserem Argus- bzw. Schützenfisch kann daher zweifelsohne die Bißwunde als Ursache angesehen werden. Nachdem das Ganze sich aber so schnell vermehrte, wollten wir doch etwas dagegen unternehmen. Wir fingen die beiden Tiere her-

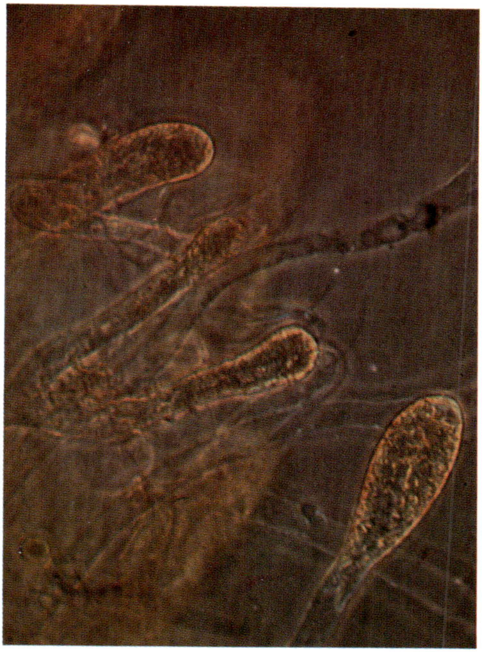

54 *Schimmelpilzfäden*

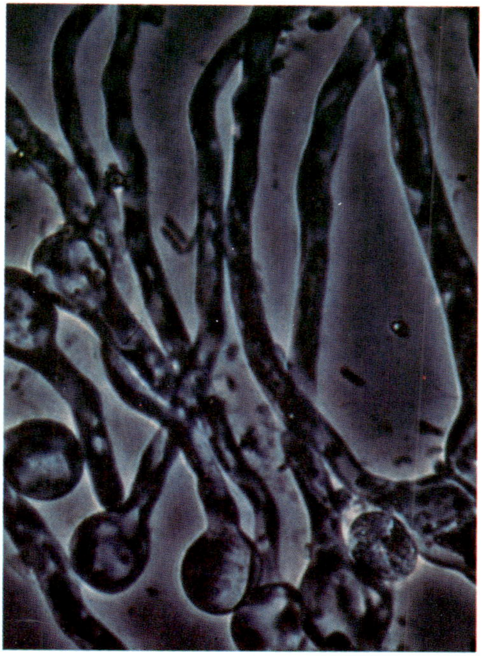

55 *Schimmelpilzfäden*

aus und wischten den Wattebelag vorsichtig mit einem nassen, weichen Lappen weg. Dies ließ sich auch ohne größere Schwierigkeiten durchführen. In der Hoffnung, daß nunmehr die Sache von selbst abheilen werde, gaben wir die beiden Tiere in das Aquarium zurück.
Beim Schützenfisch zeigte sich am nächsten Tag eine gewisse Heilungstendenz. Der Argus aber gefiel uns gar nicht. Der verletzte Flossenrand war wieder wulstartig verdickt, und schon nach einem weiteren Tag begangen neue Pilzfäden zu sprießen. Wir wiederholten die gleiche Prozedur, aber nach wenigen Tagen war der Pilz wieder in voller Pracht vorhanden.

Hilfe tut not

Plötzlich erinnerten wir uns, daß wir im Falle einer Verletzung nicht nur die Wunde reinigen, sondern anschließend sogar desinfizieren müssen. Nach längerer Überlegung – Jodtinktur ist sicher zu scharf für unseren zarten Fisch – nahmen wir einen kleinen angefeuchteten Pinsel, gaben darauf einen Tropfen unseres Exrapid® und betupften damit die betroffene Stelle. Jetzt heilte die Flosse schnell und ohne Komplikationen. Solche Pilze, der Wissenschaftler nennt sie Saprolegnia, bilden im Laufe ihres Wachstums kleine Sporenbehälter, aus denen sie zur Zeit der Reife eine Unzahl von Sporen in das

Entwicklungsgang von Saprolegnia

1. Asexuelle Phase

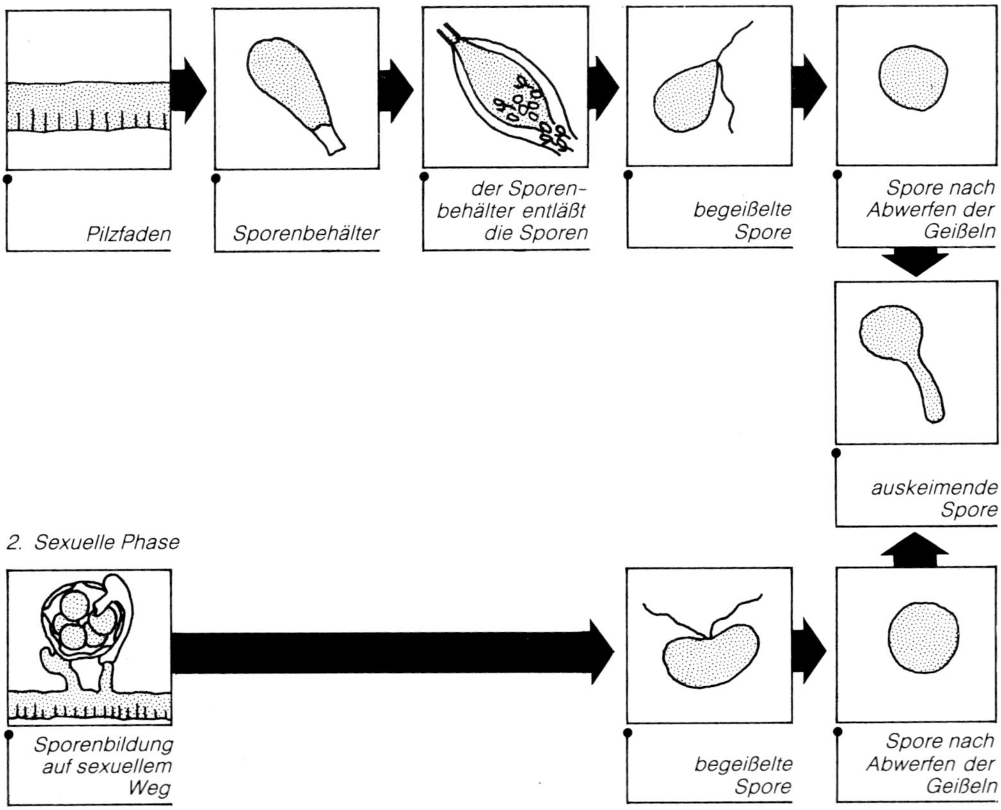

Wasser entlassen. Sie sind also immer im Wasser vorhanden und üben die Funktion einer Gesundheitspolizei aus, indem sie dazu beitragen, organische Reste zu zersetzen. Daraus ergibt sich deutlich, daß sie sich nur dann ausbreiten können, wenn ein geeigneter Nährboden zur Verfügung steht. Jede Verletzung kann so ein Nährboden sein, und deshalb muß immer zuerst die Ursache beseitigt werden. In diesem Falle heißt dies, daß der Pilz nur dann verschwindet, wenn die Verletzung ausheilt. Wird dies nicht erreicht, so kann der Pilz im Laufe der Zeit auch bisher gesundes Gewebe befallen, und dabei sind sogar Verluste nicht auszuschließen.

Kaltwasserfische sind gefährdet

Besonders häufig finden sich solche Pilze an Kaltwasserfischen, die im Haus überwintern und dann im Frühjahr wieder in den Gartenteich gesetzt werden. Beim Herausfangen wird fast immer die Schleimhaut verletzt, und wenn dann der Fisch nicht sorgfältig an das neue Milieu gewöhnt wird, können solche Schleimhautschäden zum idealen Nährboden für Pilze werden.
Oft verschwindet der Pilz nach einiger Zeit von selbst. Der Fisch hat dann noch soviel Kraft, selbst mit der Verletzung fertig zu werden. So war es auch bei unserem Bekannten mit seinen Goldfischen. Er hatte bisher immer Glück gehabt.
Es hätte aber leicht auch anders kommen können. Wenn solche Pilze in unserem Aquarium auftreten, dürfen wir die Angelegenheit nicht auf die leichte Schulter nehmen. Wir müssen immer bestrebt sein, so schnell wie möglich die Ursache zu beseitigen.

Siehe auch Tabelle Seite 86, Abb. 83, 84, 85 und 86

Die „Lochkrankheit“

Der König der Süßwasserfische

Langsam glaubten wir, uns auch einmal an den Diskus, den König der Süßwasserfische, wagen zu können. Natürlich zogen wir zuallererst von allen Seiten Erkundigungen ein. Das Ergebnis war verwirrend, denn es wurden uns so viele Meinungen kundgetan, daß wir an unserem eigenen Können zweifeln mußten. Kurz gesagt klang es jedenfalls so, als ob man sich zur erfolgreichen Haltung dieser Tiere erst ein Wasseraufbereitungslabor anschaffen müsse.
Wir beschlossen nun, unseren eigenen Weg zu gehen. Warum sollte dieses angebliche Problem nicht zu meistern sein. Selbst der meistgebrauchte Einwand, daß sämtliche Diskusfische nach nicht allzulanger Zeit an einer rätselhaften Erkrankung eingehen, konnte uns nicht abhalten. Wozu haben wir schließlich unsere Fisch-Untersuchungsstelle. Hier wird man uns schon den richtigen Rat geben können.
So beschafften wir uns fünf ausgewachsene braune Diskus, um wenigstens einmal Erfahrung sammeln zu können. Ehrlicherweise müssen wir zugeben, daß es seit der Anschaffung der Tiere mit unserer beschaulichen Aquaristik vorbei war. Machten wir uns Sorgen über ihre erfolgreiche Hälterung? Sie haben ja schließlich ein bißchen mehr als ein Roter Neon gekostet! Oder aber waren es die verschiedenen Meinungen, was ein Diskusfisch alles zu seinem Wohlbefinden braucht? Vielleicht wurde dadurch unser Selbstvertrauen untergraben? Natürlich hantierten wir viel zuviel an unserem Diskusbecken herum, und selbst das letzte Stäubchen Mulm wurde sorgfältig beim Wasserwechsel abgesaugt. Wir hatten nämlich in der Zwischenzeit herausgefunden, daß der Diskus auf einen gezielten Wasserwechsel sehr positiv reagiert. Aber es tauchten immer wieder neue Fragen auf. Sollten wir diese Fische in hartem oder aber besser in weichem Wasser pflegen? Wir entschieden uns dafür, bei unserem Leitungswasser zu bleiben. Wir hatten den Eindruck, daß sich die Tiere in diesem Mi-

lieu recht wohl fühlten. Allerdings gaben wir dem Wasser regelmäßig STELLACORYN® und Faktor S® bei, um dieses Wasser durch Kolloide und Gerbstoffe lebensfreundlich zu gestalten. So ging es auch einige Zeit gut.

Wenn einer nicht frißt

Nach etwa zwei Monaten jedoch mußten wir beobachten, daß sich einer unserer Diskus in die hinterste Ecke zurückzog. Zusehends wurde seine Färbung dunkler und dunkler. Wagte er sich aus seinem Versteck hervor, wurde er sofort von den anderen Fischen gejagt. Selbst wenn wir ihm Futter in seiner Versteckecke anboten, ignorierte er es von Tag zu Tag mehr. Eines Tages dann beobachteten wir oberhalb des rechten Auges drei weißliche Auswüchse. Ohne unser Dazutun verschwanden sie wieder, wenngleich auch einige „Narben" zurückblieben. Nach Abklingen dieser Erscheinung interessierte sich dieser Diskus jedoch immer weniger für das angebotene Futter. Nach weiteren vierzehn Tagen trat das Ganze noch einmal in weit deutlicherer Weise auf. Unser Sorgenkind wurde immer dunkler, ja nahezu schwarz. So mußten wir die ersten Anzeichen der Lochkrankheit erleben.
In unserer Untersuchungsstelle erfuhren wir dann auch Näheres über diese Erkrankung, ihre Erforschung und ihre Bekämpfung.
Vor einigen Jahren war der Diskus in unseren Aquarien fast ausgestorben. Jeder frisch importierte Fisch fiel früher oder später der „Lochkrankheit" zum Opfer. Nahezu niemand getraute sich mehr, einen Diskusfisch zu erwerben. Wie ein Fluch lastete das Phänomen auf dem König der Süßwasserfische. Außerdem kam der Umstand hinzu, daß niemand so recht wußte, durch welchen Faktor diese Krankheit ausgelöst wurde.

Das Geißeltierchen Hexamita

Jetzt ist das Rätsel gelöst. Der Zufall brachte es mit sich, daß damals ein Diskusfisch mit lebensbedrohenden Krankheitserscheinungen zur Untersuchung gebracht wurde. Bei der mikroskopischen Überprüfung von Untersuchungsmaterial aus den krankhaften Stellen im Kopfbereich fand man in unwahrscheinlichen Mengen ein Geißeltierchen, das jedoch bisher nur als Darmbewohner bekannt war. Sein wissenschaftlicher Name lautet Hexamita. Gelegentlich kann man auch die Bezeichnung „Octomitus" hören. Nach dieser Entdeckung war die Aufregung natürlich groß. Ein ursprünglicher Darmparasit kommt plötzlich im Bereich der Kopfregion aus Löchern und kraterartigen Vertiefungen an das Tageslicht. Er hätte es doch viel einfacher gehabt, durch den Darmausgang ins Freie zu gelangen. Es liegt der Verdacht nahe, daß sich dieser Schmarotzer auf dem Wege vom Darmparasiten zum Blutparasiten befindet.
Wir kennen viele Beispiele seiner Verwandten, die im Blut leben und durch blutsaugende Insekten weiter verbreitet werden. Einen Überträger hat vielleicht unsere Hexamita noch nicht gefunden, wenngleich ihr in dieser Form Karpfenläuse, Fischasseln und Blutegel, um nur einige zu nennen, als Transportwirte in der freien Wildbahn zur Verfügung stehen könnten. Diesbezügliche Untersuchungen stehen noch aus. Deshalb liegt der Verdacht nahe, daß die Lochkrankheit eine reine Aquariumangelegenheit ist.

Intensive Forschung ist wichtig

Neben diesen Überlegungen ging man fieberhaft daran, ein Gegenmittel zu entwickeln. Da Diskusfische zu dieser Zeit sehr selten waren, mußten meist Segelflosser als Testobjekt dienen. Es stellte sich nämlich heraus, daß Segelflosser am häufigsten von Hexamita heimgesucht werden. Merkwürdigerweise erkrankten sie daran jedoch nicht so schwer wie der Diskusfisch.
Nach vielen Versuchen fand man auch eine Wirksubstanz, die Hexamita sicher abtötete. Die Überprüfung ergab, daß ein dadurch hexamitafrei gewordener Diskusfisch auch weiterhin gesund blieb. Selbst im fortgeschrittenen Stadium wurden solche Fische gerettet. Folgeschäden blieben aus, selbst Jungfische konnten unbedenklich behandelt werden, und auch die Pflanzen im Aquarium kamen nicht zu schaden. Das Mittel erhielt den Namen HEXA-ex®. Inzwischen hat sich herausgestellt, daß

56 Lochkrankheit beim Segelflosser

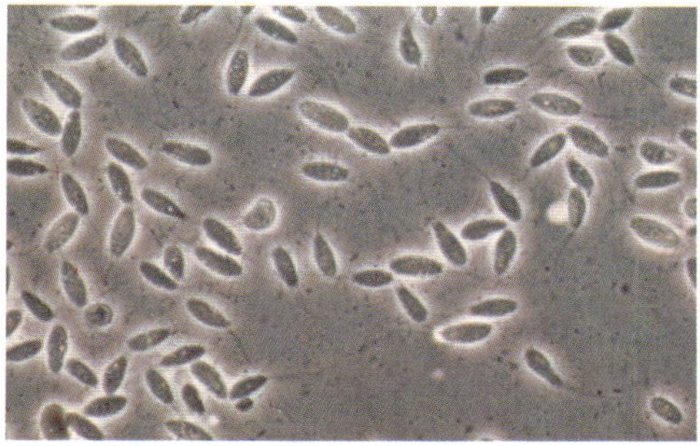

57 Erreger der Lochkrankheit

nicht nur Diskus und andere Cichliden unter dieser Krankheit leiden können, sondern auch zahlreiche andere Fische.

Lochbildung im fortgeschrittenen Stadium

Bei unserem erkrankten Diskus hatten wir als erstes Symptom eine Art von Teilnahmslosigkeit bemerkt. Der Fisch kam nicht mehr bettelnd zur Futterstelle, sondern zog sich mehr und mehr in einen stillen Winkel zurück. Hatte er sich dennoch einmal aus seinem Unterstand hervorgewagt, so zeigte er sich weit schreckhafter als die übrigen Artgenossen. Allmählich wurde er dunkler und dunkler und stellte die Nahrungsaufnahme völlig ein. Langsam begann er abzumagern. Und eines Tages kamen dann die ersten kleinen Löcher im Bereich der Kopfregion, aus welcher die weißliche Masse austrat. Bei jüngeren Fischen – so erfuhren wir – sollen charakteristische Einschmelzungen an Rücken- und Afterflossen ein sicheres Merkmal sein.
Zunächst leben die Hexamita-Parasiten im Darm des Fisches. Sie entziehen dort dem Fisch einen guten Teil der aufgenommenen Nahrung und vermehren sich vermutlich durch Teilung. Ein gewisser Prozentsatz wandert laufend mit den Exkrementen ab. In der freien Natur ist die Chance, wieder durch Nahrungs- und Wasseraufnahme in einen neuen Fisch zu gelangen, für einen solchen Parasiten äußerst gering. In unseren Aquarien hingegen liegen die Verhältnisse anders.

Vom Darm in den Blutkreislauf

Trotz laufenden Abwanderns aus dem Darm wird durch immer stärker werdende Vermehrung allmählich der Punkt erreicht, bei dem die Darmwand nicht mehr voll funktionstüchtig bleibt. Eines Tages ist sie dann so weit geschädigt, daß die Parasiten sie durchdringen, um sich im Blutkreislauf breitzumachen.

Ausbruch im Bereich des Kopfes

Die Parasiten gelangen – aus nicht bekannten Gründen – hauptsächlich in den Bereich der Kopfmuskulatur. Schließlich wird dort die Haut durchbrochen, und es entstehen die berüchtigten Löcher und Krater.
Nach einem Parasitenausbruch kann es immer wieder vorkommen, daß diese Löcher vorübergehend verheilen und der Fisch einen Zustand scheinbarer Besserung zeigt. Inzwischen unterminieren aber bereits neue Scharen von Parasiten die Muskulatur, und schließlich kommt es so weit, daß ein ganzer Teil der Kopfpartie herausbricht.

Auf jeden Fall: vorbeugen

Im Falle von Lochkrankheit gilt besonders das alte Sprichwort „Vorbeugen ist besser als heilen"! Man sollte grundsätzlich davon ausgehen, daß zumindest jeder neue Diskus oder Scalare – wenn nicht gar alle Cichliden – wenigstens in geringem Maße mit Hexamita verseucht sind. Es wäre

deshalb keinesfalls sinnvoll, so lange zu warten, bis die Krankheit sichtbar ausbricht. Eine vorbeugende Behandlung mit HEXA-ex® kann dies auf jeden Fall verhindern.
Darüber hinaus könnte man sogar so weit gehen, diese wertvollen Fische grundsätzlich mindestens zweimal im Jahr vorbeugend zu behandeln, denn wir wissen heute noch nicht, auf welche Weise Hexamita-Parasiten in unser Aquarium eingeschleppt werden können. Sind es nur neue Fische, oder kommen dafür auch Pflanzen, Schnecken oder Lebendfutter in Betracht?
Bei dieser Gelegenheit erfuhren wir noch, daß hexamitaverseuchte Diskusfische selbst bei völliger Futterverweigerung einen weißlichen, schleimig-gallertigen Kotfaden ausscheiden. Es handelt sich hierbei keinesfalls um zusätzlichen Wurmbefall, sondern wir müssen darin abwandernde Parasiten und auch die Reste von abgestorbenen Flagellaten sehen.

Abwechslungsreiche Ernährung

Abschließend soll nicht versäumt werden, darauf hinzuweisen, daß gerade der Diskusfisch eine sehr abwechslungsreiche Kost verlangt. Wenn es uns auch heute mit HEXA-ex® möglich ist, die gefährlichen Parasiten zu vernichten, so müssen wir trotzdem dafür sorgen, daß der Fisch auch weiterhin gesund und kräftig bleibt. Mit geschabtem Rinderherz und Tubifex allein ist es niemals getan. Deshalb sollten wir diesen Fischen nicht nur eiweißreiche Nahrung, sondern auch Grünzeug – wie TetraPhyll, Spinat und Salatblätter – anbieten. Selbstverständlich darf auch die laufende Versorgung mit Vitaminen (LIQUI-fit®) nicht unterbleiben. Wer also seine Diskusfische grundsätzlich vorbeugend behandelt und darüber hinaus so abwechslungsreich wie möglich ernährt, für den wird der Diskus kein Problemfisch mehr sein, und er wird sich viele Jahre an dem König der Aquarienfische erfreuen.

Siehe auch Tabelle Seite 90, Abb. 87–90

Wenn Fische an Atemnot leiden

Wir waren schon fast so weit, daß wir glaubten, über alle Fischkrankheiten Bescheid zu wissen. Doch eines Tages beobachteten wir, daß einer unserer sorgsam gehüteten Diskusfische seine Kiemendeckel schneller als die übrigen bewegte. Immer häufiger scheuerte er sich an den Rändern der Wasserpflanzen oder an Wurzeln und Steinen. Gelegentlich sahen wir sogar, daß er plötzlich zwei bis drei Körperlängen durch das Wasser schoß, um sich anschließend unter ruckartigen Kopfbewegungen und Vorstülpen des Maules so zu zeigen, als ob er etwas auswürgen wolle. Von Tag zu Tag wurden diese Erscheinungen häufiger, und die Futteraufnahme erfolgte nur noch mehr als zaghaft. Selbst schwarze Mückenlarven, die sonst seine Leibspeise waren, spuckte er immer wieder aus. Wir hatten fast den Eindruck, daß ihm das Hinunterschlucken Schwierigkeiten bereitete. Zudem begann er, sich dunkel zu verfärben und sich in eine Ecke zu verkriechen. Gerade wegen dieser zuletzt erwähnten Beobachtungen tippten wir auf „Lochkrankheit". Zwar hatten wir bereits – wie vorgeschrieben – zwei Behandlungen durchgeführt, doch wollten wir, um ganz sicher zu gehen, auch eine dritte Behandlung nicht scheuen.
Inzwischen glaubten wir sogar zu sehen, daß auch die übrigen Insassen mehr und mehr ihre Kiemendeckel schneller als normal bewegten. Wir hatten uns nicht getäuscht, denn nach Ablauf einer Woche atmeten alle unsere Diskusfische wirklich heftiger als sonst, und einige legten sogar zeitweilig einen Kiemendeckel an, um mit der anderen Seite verstärkt zu atmen. Unter diesem nun weit abgespreizten Kiemendeckel konnten wir stark gerötete Kiemen erkennen und waren damit wieder einmal am Ende unserer Kunst.
Wir haben uns sofort unsere bisherigen Erfahrungen ins Gedächtnis zurückgerufen und entsprechend reagiert, also zuerst mit der Tetra-O_2-Messung den Sauerstoffgehalt des Wassers geprüft. Die Werte waren gut – also keine Atemnot

wegen Sauerstoffmangel. Anschließend den pH-Wert mit Tetra Test pH überprüft, ob nicht durch einen zu tiefen pH-Wert, etwa 5 bis 5,5, Kiemenverätzung vorliegt oder zu hohen pH-Wert, 8 bis 9, eine Ammoniakvergiftung die Ursache der schnellen Atmung ist. Aber auch hier keine gefährlichen Werte.

Was kann nun die Ursache der beschleunigten Atmung und des Unbehagens (Nahrungsverweigerung) der Fische sein? Halt! Der Nitritgehalt des Wassers könnte zu hoch sein – also sofort den Nitritgehalt mit der NO_2 Messung aus dem Tetra Laborett messen. Aber auch dieser Wasserwert ist in Ordnung. Wir haben jetzt alle bei Atemnot der Fische nötigen Messungen vorgenommen.

sich ein anfangs kleiner Bestand innerhalb kurzer Zeit in den Kiemen der Fische erheblich vermehren.

Schnelle Heilung tut not

Wenn wir auch anfangs über diese neue Krankheit unserer Diskusfische sehr erschrocken waren, so beruhigten wir uns um so schneller, als wir hörten, daß „Würmer“ im Spiele sind. Wir hatten ja seinerzeit bei den Hautsaugwürmern an den Goldfischen unseres Nachbarn mit GYROTOX® schnellen Erfolg, und warum sollte dieses Präparat nicht auch gegen Kiemenwürmer helfen. Wir führten schleunigst eine Behandlung durch, und schon am nächsten Tag konnten wir eine grundle-

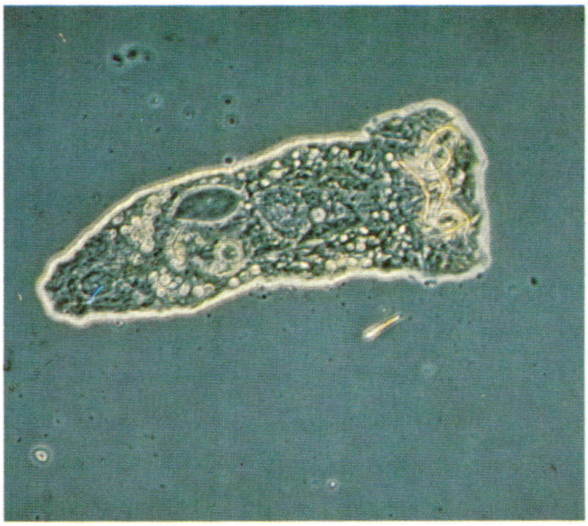

58 Kiemensaugwurm

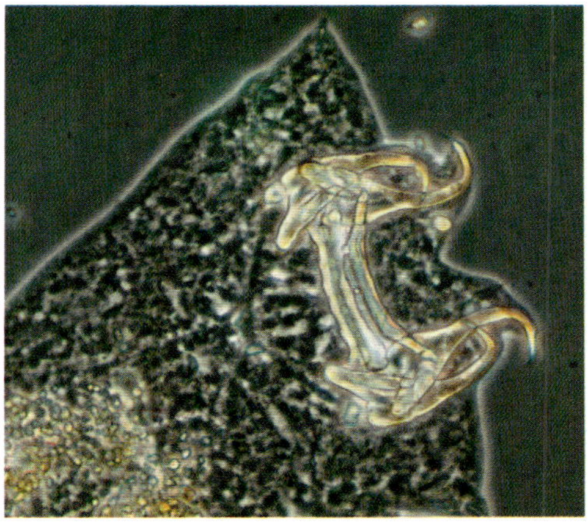

59 Klammerorgan eines Saugwurmes

Die Kiemen sind befallen

Es blieb uns also nichts anderes übrig, als unsere Untersuchungsstelle zu Rate zu ziehen. Dort erfuhren wir, daß es sich zweifelsohne um einen Befall mit Kiemenwürmern handelte. Dies sind ganz ähnliche Schmarotzer wie die bereits beschriebenen Hautsaugwürmer. Sie hängen sich mit ihren am Hinterende ausgebildeten Haken im zarten Kiemengewebe ein und können dem Fisch bei entsprechendem Befall erhebliche Atembeschwerden bereiten. Je nach Art vermehren sie sich lebendgebärend oder auch durch Eier. Auf jeden Fall haben es ihre Nachkommen nie weit zum gedeckten Tisch. So kann

gende Besserung feststellen. Trotzdem wiederholten wir die Behandlung nach einigen Tagen, um auch die letzten Nachkommen der Parasiten zu erreichen. Als dann unsere Fische wieder Futter annahmen, ihre Farben sich von Tag zu Tag schöner zeigten und nicht zuletzt ihre Atmung wieder ruhig verlief, waren wir mit uns und unserem Aquarium zufrieden. Unsere Unterwasserwelt war wieder in Ordnung.

Leider sollte dies nicht unser letztes Erlebnis bleiben. In unserem Meerwasseraquarium schwamm schon seit Wochen ein wunderschöner Kaiserfisch. Wir haben nie etwas an ihm bemerkt, aber eines Tages hatten wir den Eindruck, daß seine Atmung schneller war. Auch seine Kiemendeckel spreizte er ab, oder er atmete nur auf einer Seite.

Behandlung und kein Erfolg?

Natürlich dachten wir sofort aufgrund unserer Erfahrungen an Kiemenwürmer, Kiemenoodinium konnte es ja nicht sein, denn wir hatten diesen Fisch schon in Quarantäne sorgfältig beobachtet und behandelt. Nachdem wir uns an Hand von Literatur überzeugen mußten, daß es auch im Meerwasser Kiemenwürmer gibt, sahen wir unseren Verdacht bestätigt und führten unverzüglich eine Behandlung mit unserem Saugwurmmittel durch. Doch leider war – selbst nach Wiederholung – der Erfolg gleich Null.

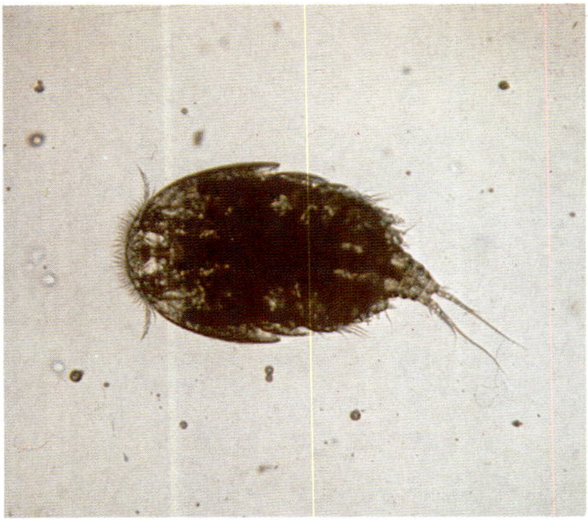

60 Kiemenkrebschen

Der Kiemenkrebs kommt selten vor

Es blieb uns diesmal nichts anderes übrig, als den Fisch herauszufangen und zu unserer Untersuchungsstelle zu bringen. Hier wurde das Rätsel bald gelöst. Wir konnten uns selbst am Mikroskop von einem relativ großen Lebewesen überzeugen, das vorne mit Klammerorganen ausgerüstet war und in einem spitzen Schwanz endete. Besonders auffällig erschien uns sein rötliches Auge. Wir hörten, daß es sich hier um einen Kleinkrebs handelt, der auf den Kiemen lebt.
Freilich kann dieser Krebs das Kiemenepithel schädigen, wenn er sich dort in größerer Zahl einfindet. Doch einmal kommen solche Krebse in unseren Aquarien recht selten vor, und zum anderen haben sie auch keine große Vermehrungschance. Sie legen Eier und müssen verschiedene Larvenstadien überstehen, für die in unserer „Unterwasserlandschaft" vermutlich nicht die geeigneten Bedingungen vorherrschen. Dieser eine Krebs konnte somit als Ursache kaum in Frage kommen.

Die Ursache ist gefunden

Wir mußten also weitersuchen und fanden bei etwas stärkerer Vergrößerung eine ganze Anzahl rundlicher Lebewesen, die mit einem tellerförmigen Ruderkranz von Wimpern ausgerüstet waren. Etwas

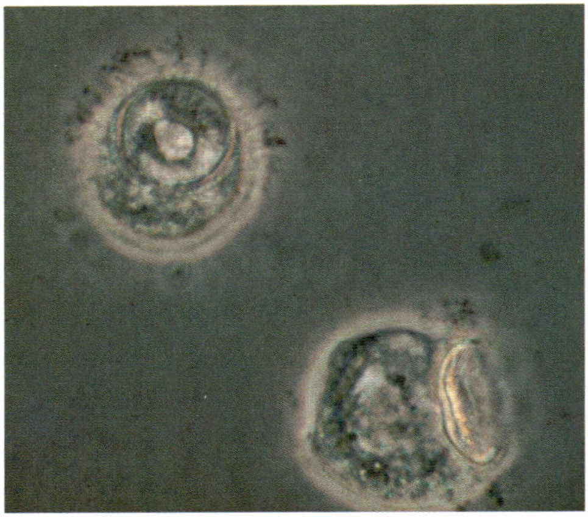

61 Kiemenparasit (Trichodinella)

Ähnliches kannten wir bereits vom Süßwasser her, und es wurde uns auch bestätigt, daß es sich hier um eine Meerwasserform der „Trichodine" handelt, die sich auf Kiemen spezialisiert hat.
Damit war die Ursache der Atembeschwerden unseres Kaiserfisches gefunden. Diese Trichodinen haben eine wesentlich bessere Vermehrungschance als ein einzelnes Krebschen. Sie können sich immer wieder teilen und auf solche einfache Weise in kurzer Zeit die Kiemen bevölkern.
Damals im Süßwasser hatten wir gegen die als „Hauttrüber" auftretenden Trichodinen schnellen Erfolg mit Exrapid®. Wir führten demnach sofort eine solche Be-

handlung in doppelter Dosierung durch, und nach wenigen Tagen war unser Kaiserfisch geheilt.
Allerdings quälte uns immer noch die Frage, wie wir diese Parasiten in unser Aquarium eingeschleppt haben könnten. Beim Kiemenkrebs war uns klar, daß dieser vermutlich schon aus den Heimatgewässern mitgebracht wurde. Auch konnte er alle Quarantänebehandlungen überstehen, denn keines der verwendeten Präparate war gegen Krebse wirksam. Hier hätten wir schon mit einem sehr starken Geschütz auffahren müssen, was unter Umständen nicht nur den Krebs, sondern auch den Fisch geschädigt hätte.
Anders jedoch die Trichodinen. Sie hätten unsere Quarantäne eigentlich nicht überleben dürfen. Schließlich fiel uns aber ein, daß wir vor wenigen Wochen einen Chaetodon, der schon längere Zeit im Aquarium eines Freundes lebte und uns absolut parasitenfrei erschien, ohne Quarantäne eingesetzt hatten. Dieser Fisch, der seinerzeit das Umsetzen nicht vertragen hatte und nach wenigen Tagen einging, mußt offensichtlich die Trichodinen mitgebracht haben. Kein Wunder, daß sich diese Parasiten als erstes an den bereits durch den Krebs geschädigten Kiemen des Kaiserfisches angesetzt hatten. Jedenfalls trug dieses Erlebnis erneut dazu bei, daß wir nie wieder einen Fisch ohne Quarantäne in unser Aquarium gaben, auch wenn er noch so gesund aussah.

Noch seltener ist Diplozoon, das Doppeltierchen

Trotz seiner Seltenheit soll dieser Parasit erwähnt werden. Es handelt sich um einen Wurm, der Zeit seines Lebens in Kopula vereint ist. Dieses seltsame Wesen lebt in den Kiemen von Süßwasserfischen und legt dorthin auch seine Eier ab. Die reifen Tiere saugen Blut und können dadurch den Fisch schwächen und schädigen. Dieses „interessante“ Tier ist allerdings so selten, daß wir uns über seine Bekämpfung keine Sorgen machen müssen.

61 a Das Doppeltierchen Diplozoon

Siehe auch Tabelle Seite 89

Glotzaugen und Hornhauttrübung

Nachdem wir nun schon die meisten und vor allem die häufigsten Fischkrankheiten kennengelernt hatten, wollten wir gerne zur Vervollständigung unseres Wissens auch Näheres über solche hören, die seltener vorkommen. Selbst hatten wir keine Möglichkeit, uns hier weiterzubilden, und so baten wir den Leiter unserer Untersuchungsstelle, ihm einmal einen Tag lang bei seiner Arbeit zusehen und, wenn möglich, „assistieren“ zu dürfen. Dieser Wunsch wurde uns gerne gewährt, und wir waren höchst erstaunt, als wir am Morgen den Posteingang sahen, der Pakete aus allen Himmelsrichtungen brachte.
Leider konnte nicht überall eine sichere Diagnose gestellt werden, denn die meisten der eingesandten Fische waren bereits tot. Soviel wußten wir inzwischen auch schon, daß im allgemeinen nur lebende Fische ein sicheres Ergebnis bringen, da die Mehrzahl der Parasiten ihren Wirt kurz nach seinem Ableben verläßt.

Die Wasserverhältnisse sind entscheidend

Als erstes wurde uns ein Schwertträger mit zwei großen Glotzaugen präsentiert. Wir waren allerdings sehr enttäuscht, als wir erfuhren, daß so ein Glotzauge meist nur auf unzureichende Umweltverhältnisse zurückzuführen ist. Solche Erkenntnisse sind für den Aquarianer immer etwas peinlich, denn er muß einsehen, daß er selbst etwas falsch gemacht hat und nicht die

Schuld auf irgendwelche Parasiten schieben kann. Es gibt hier ein sehr gutes Erkennungszeichen. Wenn ein solches Glotzauge in kurzer Zeit, also praktisch über Nacht entsteht, dann sind meist die Wasserverhältnisse dafür verantwortlich.
Es kann hier sogar zu sehr extremen Fällen kommen. Man richtet sich beispielsweise ein Aquarium ein, wechselt regelmäßig Wasser und tut auch sonst alles, was man tun kann, und nach einem Jahr tritt plötzlich ein Glotzauge auf. Jetzt kann der Aquarienfreund im Brustton tiefster Überzeugung sagen, er habe doch alles richtig gemacht. Wieso kann trotzdem ein Glotzauge entstehen? Die Antwort ist einfacher, als man denken möchte. Es wurde eben den Verhältnissen entsprechend doch zuwenig Wasser gewechselt. Inzwischen sind die Fische gewachsen, vielleicht kamen sogar neue dazu. Jedenfalls hätte der Wasserwechsel mit biologischem Einfühlungsvermögen immer den Verhältnissen angepaßt werden müssen.
Zu unserem Trost erfuhren wir noch, daß so ein Glotzauge in den meisten Fällen durch mehrmaligen teilweisen Wasserwechsel von selbst wieder zurückgeht. Freilich, wenn ein Glotzauge vernachlässigt wird, kann es unter Umständen zu einer Hornhauttrübung und im Endstadium bis zur Erblindung oder gar zum Verlust des Auges kommen. Jetzt breiten sich Bakterien aus. Sie besiedeln das geschwächte Auge und rufen die oben beschriebenen Erscheinungen hervor. Zu einer solchen Hornhauttrübung kann es natürlich auch als Nachwirkung einer Verletzung kommen.

Eine Behandlung ist erforderlich

Anschließend erfuhren wir, daß die Heilung einer derartigen Augenerkrankung nicht immer einfach sei. Man muß den Fisch herausfangen und das betroffene Auge mit einem Antibiotikum behandeln, eine Methode also, die für den normalen Aquarianer schon kaum mehr durchführbar ist.
Im Süßwasser sind solche Hornhauttrübungen relativ selten, im Meerwasser hingegen treten sie häufiger auf, und hier ist es deshalb um so nötiger, jeder beginnenden Glotzaugenbildung rechtzeitig durch entsprechenden Wasserwechsel zu begegnen. Schließlich wurden wir noch über die wenigen Fälle aufgeklärt, in denen ein Schmarotzer das Glotzauge verursacht. Es kommen hierfür nur Saug- oder Fadenwürmer in Frage. Dies ist aber so selten, daß man es eigentlich gar nicht zu erwähnen bräuchte. Ergänzend soll nur gesagt sein, daß solche Würmer eines Zwischenwirtes bedürfen, meist sind dies Schnecken, und dies erschwert den Entwicklungskreislauf im Aquarium. Dies ist auch gut so, denn eine Bekämpfungsmöglichkeit gibt es ohnehin nicht.
Auch wurde uns dazu gesagt, daß ein von Parasiten hervorgerufenes Glotzauge sich nur langsam und allmählich entwickelt und niemals sozusagen „über Nacht" entsteht.

Siehe auch Tabelle Seite 92, Abb. 91 und 92

Kropf und andere Mangelerscheinungen

Nun handelte es sich um einen Fisch, unter dessen Kiemendeckel ein rosarotes, geschwulstartiges Gebilde herausragte. Der Fisch machte einen munteren Eindruck, und es schien so, als ob ihn diese Geschwulst überhaupt nicht beeinträchtigte. Wir konnten uns nicht vorstellen, was dies sein sollte, und erfuhren schließlich, daß es sich um eine Schilddrüsenanschwellung handelt – also kurz gesagt um einen Kropf. Bei Süßwasserfischen kommt so etwas nur selten vor, im Gegensatz zu Korallenfischen, die öfters davon betroffen zu sein scheinen.
Es wurde uns erklärt, daß ein Fisch mehrere Schilddrüsen habe, von denen einige im Bereich der Kiemen liegen. Grundsätzlich sei eine solche Kropfbildung auf einen Mangel an bestimmten Stoffen zurückzuführen. Im Volksmund schreibt man dem Jod die ausschlaggebende Rolle zu. Allerdings konnte man bisher mit Jod allein im Aquarium wenig erreichen. Nur die ganze Palette von Spurenelementen (AQUA-tonic®) kann wenigstens eine weitere Vergrößerung eines solchen Kropfes verhindern.
Diese Spurenelemente brachten eine willkommene Überleitung zum nächsten Fall.

Pflanzliche Beikost

Es wurde uns ein Meerwasserfisch – ein Zebrasoma – gezeigt, der auf beiden Seiten der Kopfpartie großflächige Hautablösungen aufwies. Bemerkenswert war, daß dies geradezu spiegelbildähnlich aussah. Wir hörten, daß solche beidseitig gleichmäßig auftretenden Hautschäden auf eine Stoffwechselstörung zurückzuführen seien. Wenn es sich nicht um die Erkrankung eines inneren Organs handelt, dann ist immer ein Mangel an lebenswichtigen Stoffen zu vermuten. Jedenfalls kann in vielen Fällen eine solche Erscheinung durch laufende Gaben von Spurenelementen (LIQUI-fit®) „ausgeheilt" werden. Auch eine Beifütterung von pflanzlicher Kost – was meistens vernachlässigt wird – kann oft zu dem gewünschten Erfolg beitragen.
Deshalb ist auch ein mit Fadenalgen bewachsenes Meerwasseraquarium immer das erstrebenswerte Ziel. Einmal zeigt der Fadenalgenwuchs ein gesundes Wasser an, und zum anderen ist dann stets für pflanzliche Beikost gesorgt.

Siehe auch Tabelle Seite 94, Abb. 93 und 94

Noch einiges am Rande

Schließlich zeigte man uns einen noch lebenden roten Cichliden. Es fiel uns auf, daß er ein langes, zwirnähnliches Gebilde nachschleppte, das keine Ähnlichkeit mit einem normalen Ausscheidungsprodukt hatte. Bei näherem Hinsehen entdeckten wir dann außerdem stecknadelspitzenartige rötliche Fäden, die wie ein kleines Büschel aus dem After herausragten.

Etwas über Fadenwürmer

Wir erfuhren, daß es sich hier um einen darmbewohnenden Fadenwurm handelte, den sogenannten Fräskopfwurm, der angeblich vor einigen Jahren aus Asien eingeschleppt wurde.
Dieser Wurm sitzt im Enddarm des Fisches. Sein Vorderende ist in der Darmhaut verankert, sein Hinterende ragt zu gewissen Zeiten aus der Afteröffnung heraus. Das Weibchen dieses Wurms bringt in unregelmäßigen Abständen jeweils mehrere hundert lebende Junge zur Welt. Diese fallen zu Boden und landen im Zuge der Nahrungsaufnahme zwangsläufig wieder im Darm eines Fisches.
Als dieser Wurm in unseren Aquarien auftauchte, rechnete man mit einer unaufhaltbaren Verseuchung aller unserer Fische. Diese Befürchtung hat sich aber nicht bewahrheitet. Inzwischen ist es wieder recht still um die Fräskopfwürmer geworden, die meist der Gattung „Philometra" (rot) oder „Camallanus" (gelblichweiß) angehören.
Als nächstes wurde ein bereits toter Scalare seziert. Nach dem Öffnen der Leibeshöhle sollte der Darm auf Parasiten untersucht werden. Neben einigen wenigen Hexamita-Parasiten fanden wir ein bewegungsloses längliches Gebilde, das durch deutlich abgesetzte, halbrunde Enden auffiel. Es wurde uns erklärt, daß dies das Ei eines Wurmes sei, und kurz darauf sahen wir auch den Produzenten dieses Eies, einen fast glasklaren, durchsichtigen Wurm. Bei stärkerer Vergrößerung konnte man sehr gut im Innern die perlschnurartig aneinandergereihten Eier sehen. Wir erfuhren, daß es sich hier um einen Fadenwurm aus der Gattung Capillaria handelt.
Es gibt bei Fischen eine ganze Reihe von Fadenwürmern, die schmarotzend im Darm leben. Sie entziehen ihrem Wirt einen Teil der aufgenommenen Nahrung. Wirklich gefährlich werden können solche Würmer dem Fisch nur in Ausnahmefällen. Es ist aber immerhin möglich, daß ein durch darmbewohnende Fadenwürmer geschwächter Fisch gegenüber anderen Parasiten anfälliger wird.

Bandwürmer und Kratzer

Bandwürmer sind bei Aquarienfischen recht selten. Lediglich beim Stichling wurde gelegentlich ein häufigeres Auftreten beobachtet. Hin und wieder kommen die sogenannten Kratzer (Acanthocephalen) vor, die sich an der Darmwand festheften. Aber auch diese spielen eine so untergeordnete Rolle, daß uns nur im Mikroskop ein solcher Wurm und das dazugehörende Ei gezeigt wurde.

Bauchwassersucht und Schuppensträube

Dann kamen zwei Fische an die Reihe, die beide die gleichen Merkmale aufwiesen. Der eine – ein Black Molly – hatte einen aufgedunsenen Leib mit fast senkrecht abstehenden Schuppen. Der andere Fisch – eine Sumatrabarbe – zeigte neben den oben beschriebenen Anzeichen noch blutunterlaufene Stellen, und im allgemeinen konnte man eine verdickte, etwas trübe Hautoberfläche feststellen. Es waren zwei Fälle von Bauchwassersucht und Schuppensträube, doch schon das uneinheitliche Aussehen ließ vermuten, daß es sich hier zwar um dieselbe Erscheinung, nicht jedoch um die gleiche Ursache handeln kann.
Die Öffnung der Leibeshöhle förderte erhebliche Mengen Flüssigkeit zutage. Es wurde uns dann die Leber der beiden Fische gezeigt. Bei der des Black Molly stellten wir eine unnatürliche gelblichweiße Beschaffenheit fest. Die der Sumatrabarbe zeigte aber zahlreiche mit einer deutlich sichtbaren Hülle umgebene gelb- bis dunkelbraune Einschlüsse.

Die Leber ist geschädigt

Letzteres wurde uns als hochgradiger Tuberkulosebefall erklärt, der die Leber dieses Fisches nahezu außer Funktion gesetzt hatte. Dies ist eine recht unangenehme bakterielle Erkrankung, gegen die wir leider nicht viel unternehmen können. Beim Black Molly hingegen hatten wir es mit einer „Fettleber“ zu tun, die auch nicht mehr ihren Aufgaben voll gerecht werden konnte.

In beiden Fällen – ob parasitär oder nichtparasitär – kam es durch den Ausfall der Leber zur Ausscheidung von Flüssigkeit in die Leibeshöhle. Ein schönes Beispiel, daß verschiedene Ursachen die gleiche Wirkung hervorrufen können.
Auch der Algenpilz Ichthyophonus kann in diesem Sinne wirken. Vor mehr als einem Jahrzehnt wurden alle Fische, die an unbekannter Todesursache eingingen, seinem Konto zu Last gelegt. Heute scheint die „Hochblüte“ dieses Parasiten vorbei zu sein. Man kann ihn nur noch relativ selten finden. Aber manch altem Aquarianer steckt immer noch die Angst vor dem unheilbringenden Ichthyophonus in den Knochen. Ichthyophonus ist einwandfrei nur daran zu erkennen, wenn die Pilzcysten austreiben.
Wir durften dann noch viele „alltägliche“ Erkrankungen sehen wie Ichthyophthirius, Oodinium, Saprolegnia und Lymphocystis, ganz zu schweigen von den zahlreichen Hauttrübern. Die meisten kannten wir schon aus eigener Erfahrung oder aus den Aquarium von Freunden und Bekannten.

Sicher ist sicher, und vorbeugen“ ist besser als heilen

Um nichts zu vergessen, nahmen wir uns vor, in kurzen Worten die wichtigsten Merkmale und Bekämpfungsmöglichkeiten zusammenzustellen. So sollte es uns in Zukunft möglich sein, immer schnell zu erkennen und womöglich noch schneller zu reagieren. Allerdings – wir dürfen es nicht verhehlen – haben wir diese mühsam ausgearbeiteten Tabellen gar nicht so häufig gebraucht, wie wir es glaubten. Je tiefer wir in das Gebiet der Fischkrankheiten eindrangen, desto weniger mußten unsere Fische darunter leiden. Für uns war das „Vorbeugen“ zur selbstverständlichen Routine geworden, so daß wir das „Heilen“ kaum mehr nötig hatten.

Siehe auch Abb. Seite 95, 96, 97 und 98

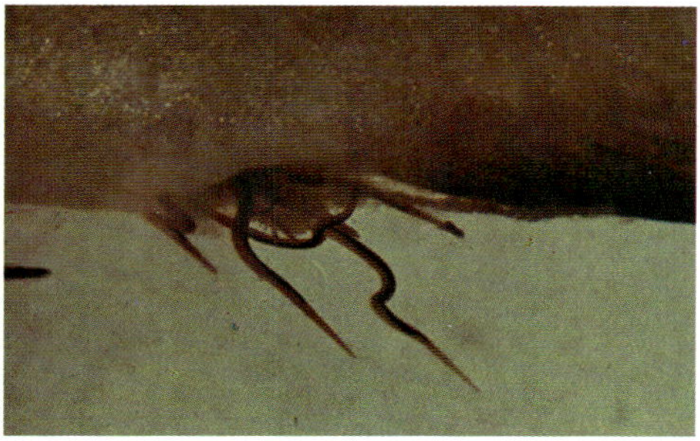

62 Fräskopfwürmer im Enddarm

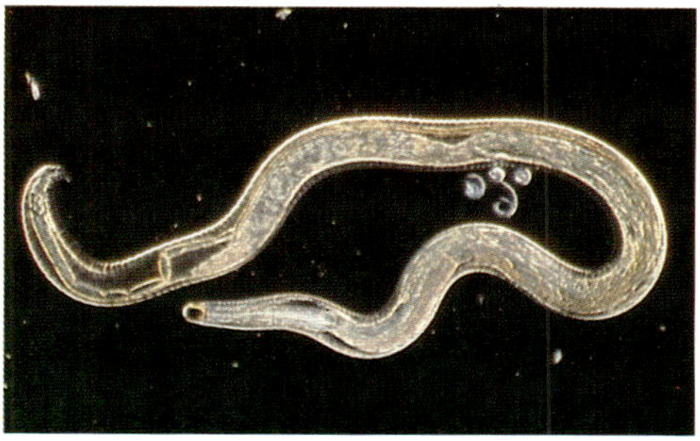

63 Lebendgebärender Fadenwurm

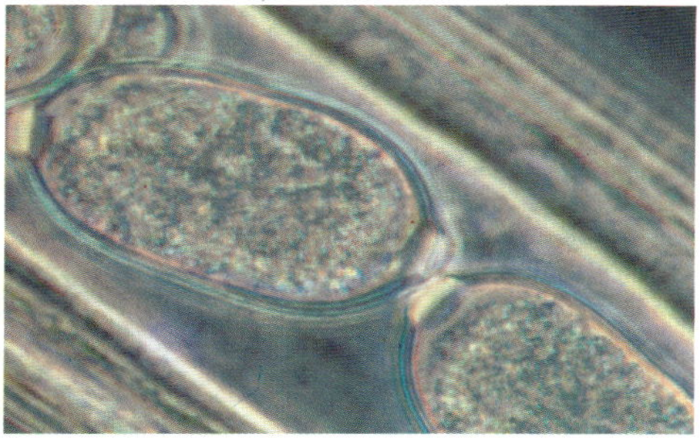

64 Eier eines Fadenwurmes

64 a Mit Bandwurmlarven befallener Stichling

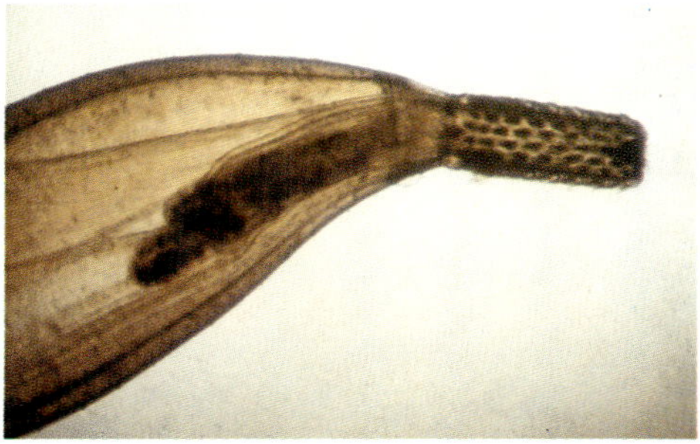

64 b Echinorhynchus (Kratzer)

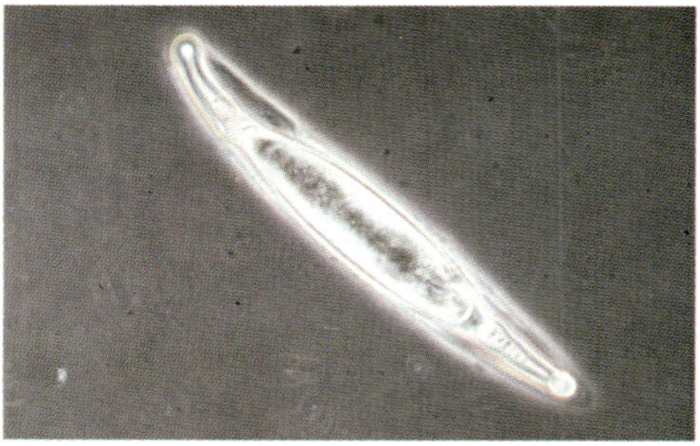

64 c Ein typisches Kratzer-Ei

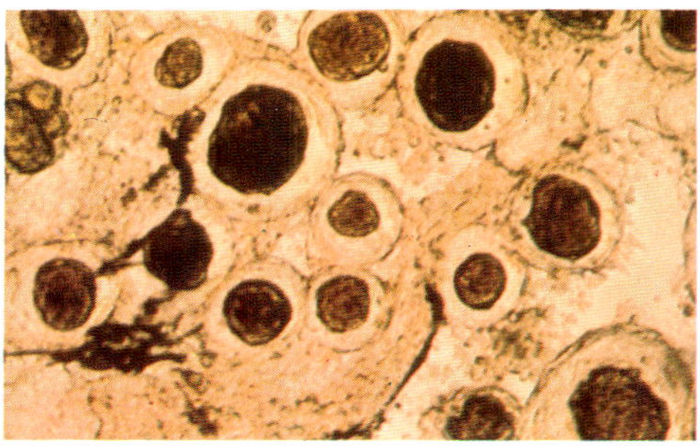

65 Tuberkulose der Leber

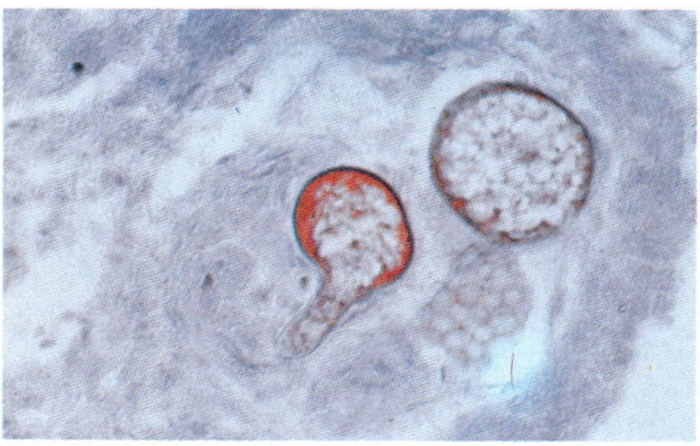

65 a Auskeimende Ichthyophonucyste in der Leber

Anatomie eines Fisches

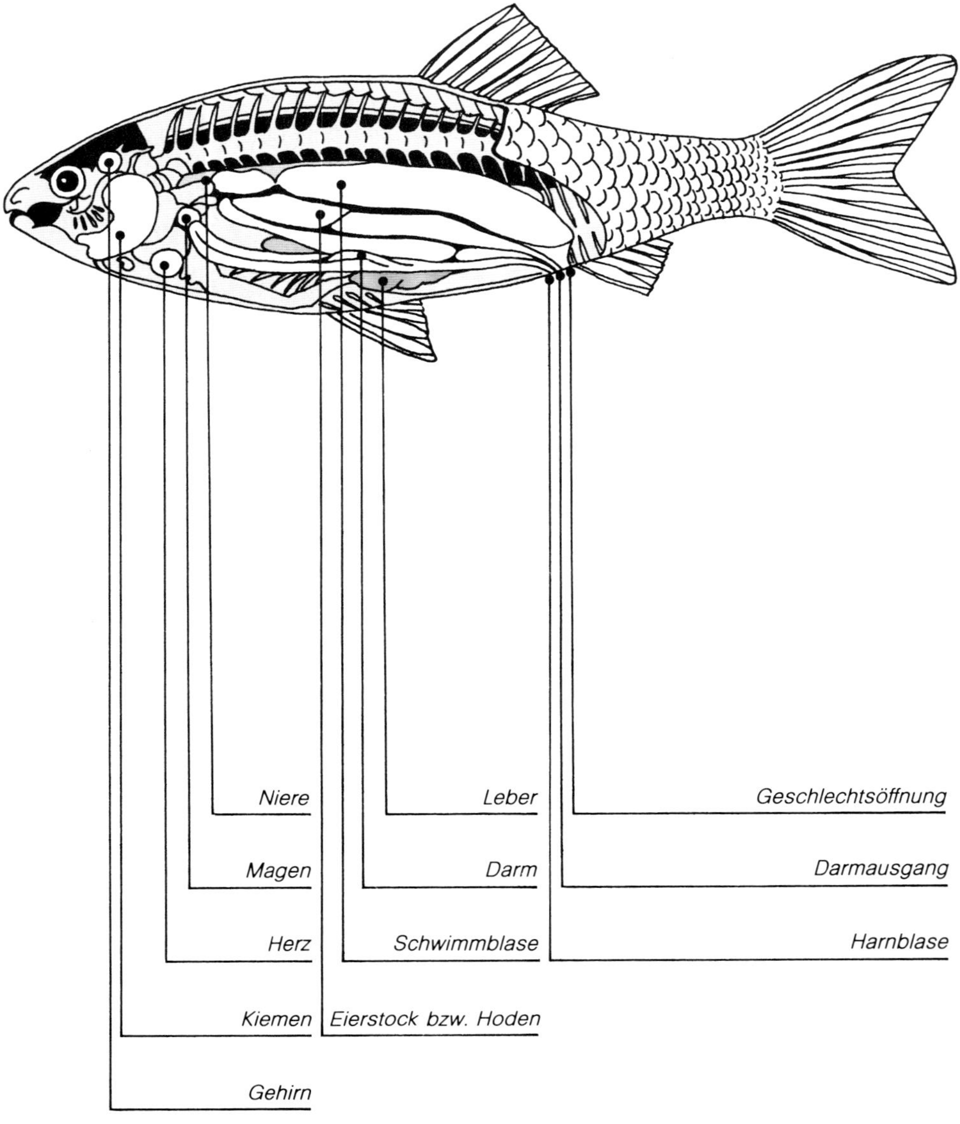

Tabellen zur Erkennung und Behandlung von Fischkrankheiten

Krankheitsbild

Diagnose

Ursache

Gegenmaßnahme

Krankheitsbild

1. Verstärkung oder Verblassen der Farben
2. Umherschießen im Becken
3. Zeichen von Atemnot

Alle Fische reagieren auf dieselbe Weise!

Diagnose

Akute Vergiftung durch Chemikalien oder Schwermetalle

Ursache

Reste von Putzmitteln im Wassereimer

Benutzung eines Zinkeimers oder einer Zinkwanne zur Wasseraufbereitung

Ein zink- oder kupferhaltiger Gegenstand im Aquarium (Draht etc.)

Erzhaltiges Gestein oder Kies

Überdosis einer Fischmedizin

Anwendung von Pflanzenschutzmitteln und Insektensprays in der Nähe des Aquariums

Benutzung eines Haarsprays im Zimmer (Giftstoffe können über die Luftpumpe in das Aquarium gelangen)

Wasserentnahme aus neu installierten oder eben entkalkten Wasserboilern und Wasserleitungsrohren

---

Gegenmaßnahme

Schnellstens die Hälfte des Wassers wechseln und STELLACORYN® zugeben. Im Bedarfsfalle nach wenigen Stunden wiederholen.

Ursache der Vergiftung ergründen!

Siehe Kapitel: „Umweltschädigungen — die häufigsten aller Krankheitsursachen" Seite 11 und „Auch für Seewasser gilt dasselbe" Seite 18

Krankheitsbild

1. Verblassen der Farben oder Dunkelfärbung
2. Ruhiges Verhalten oder gar Seitenlage
3. Milchige Trübung der Schleimhaut und der Augen
4. Bildung von Glotzaugen (Abb. 90)
5. Verstärkte Atmung

Diagnose

Schleichende Vergiftung durch unzusagendes Wasser

Ursache

Zu starke Störung des Beckens infolge einer Generalreinigung

Extremer Nitrit-Anstieg aufgrund eines zahlenmäßig hohen Fischbesatzes

Verwendung von Frischwasser (Regen-, destilliertes oder Leitungswasser), dem nicht vorher Kolloide und Huminstoffe zugegeben wurden

Zu starke Anreicherung von Abbauprodukten durch unterlassenen Wasserwechsel

Sauerstoffmangel

Gasbildung im Bodengrund

Giftstoffe abscheidendes Dekorationsmaterial (Wurzeln!)

Umsetzen von Fischen ohne vorherige Milieuangleichung (Temperatur, Wasser!)

Haltung von Brackwasserfischen im Süßwasser

Gegenmaßnahme

Erst Ursache ergründen. Gegebenenfalls Wasserwechsel und Zugabe von BIOCORYN H_3®.

Siehe Kapitel: „Umweltschädigungen – die häufigsten aller Krankheitsursachen“ Seite 11 und „Auch für Seewasser gilt dasselbe“ Seite 18

Krankheitsbild

Im Anfangsstadium bei stärkerem Befall schaukelnde Schwimmbewegung. Flossenzucken und beginnende Freßunlust. Später zunehmende Schleimhauteintrübung. Nach weiteren 2–3 Tagen deutlich erkennbare weiße Punkte.

Diagnose

Pünktchen-Krankheit
Ichthyo

Ursache

Ein einzelliges Wimpertierchen mit dem wissenschaftlichen Namen Ichthyophthirius multifiliis (Abb. 9–16 sowie Zeichnung S. 25) sitzt unter der Haut des Fisches.

Ähnliche Krankheitsbilder:

1. Hauptsporentierchen (Abb. 17 + 18)
2. Flossensporentierchen (Abb. 19 + 20)
3. Saugwurmlarven (Abb. 21 + 22)

Gegenmaßnahme

Sofortige Behandlung beim ersten verdächtigen Punkt mit Exrapid® oder Contralck. Zu stark befallene Fische können meist nicht mehr gerettet werden.

Siehe Kapitel: „Die weißen Punkte“ Seite 22

66 Ichthyophthirius oder Pünktchen-Krankheit

67 Kleinbleibende Form des Ichthyophthirius

Krankheitsbild

Weißliche Stellen und später weiße Punkte auf Flossen, Haut und Augen. Kommt nur an Seewasserfischen vor.

Diagnose

Seewasserichthyo

Ursache

Ein einzelliges Wimpertierchen, Cryptocarion irritans (Abb. 24–27), sitzt unter der Haut des Fisches.

Gegenmaßnahme

Behandlung mit Exrapid®. Es muß allerdings bis zum Verschwinden des letzten Punktes alle drei Tage in voller Höhe nachdosiert werden. Manchmal kann es mehr als zwei Wochen dauern, bis die Behandlung erfolgreich abgeschlossen ist.

Siehe Kapitel: „Der Seewasserichthyo – ein übler Patron" Seite 29

68 Cryptocarion oder Seewasserichthyo

69 Die weißen Punkte sind deutlich zu sehen

Krankheitsbild

Kleinhöckerige Beschaffenheit der Körperoberfläche. Besonders gut sichtbar, wenn der Fisch von vorne betrachtet wird. Weißliche, kleine Pünktchen, die kaum zu sehen sind. Gewisse Barben, auch Keilfleckbarben und ihre Verwandten sowie Killifische (eierlegende Zahnkarpfen) sind sehr anfällig.

Diagnose

Samt-Krankheit

Ursache

Ein einzelliger Verwandter aus der Gruppe der Geißeltierchen mit der Bezeichnung Oodinium pillularis (Abb. 28 – 30 sowie Zeichnung S. 32).

Gegenmaßnahme

Zunächst ist eine Kur mit Exrapid® oder Contralck durchzuführen. Tritt keine wesentliche Besserung ein, so ist nach einem teilweisen Wasserwechsel eine Saugwurmkur mit GYROTOX® anzuraten.

Siehe Kapitel: „Noch einmal weiße Punkte" Seite 32

70 Samtkrankheit oder Süßwasser-Oodinium

Krankheitsbild

Puderzucker- oder gar mehlartiger Belag auf der Hautoberfläche, der im Extremfall durch pünktchenförmige Zusammenballung der Parasiten, auch von der Seite her gesehen, sichtbar wird. Normalerweise nur gut auszumachen, wenn man den befallenen Fisch von vorne sieht.

Meist jedoch tritt dieser Schmarotzer ausschließlich als Kiemenparasit auf.

Schnelle Atmung, Scheuern der Kopfregion an Korallenstöcken und vor allem das „Stehen“ in den Luftperlen des Ausströmers sind dann untrügliche Kennzeichen.

Diagnose

Korallenfisch-Krankheit

Ursache

Die Erkrankung wird durch einen Massenbefall mit einem einzelligen Lebewesen aus der Gruppe der Geißeltierchen – Oodinium ocellatum – verursacht (Abb. 31 – 33).

Gegenmaßnahme

Behandlung mit Tetra MarinOomed.

Siehe Kapitel: „Seewasser-Oodinium auf Haut und Kiemen“ Seite 34

71 Korallenfischkrankheit oder Seewasser-Oodinium

72 Ein typischer Oodinium-Befall

Krankheitsbild

Unnatürliche, übermäßige Schleimproduktion, die sich als milchig-trüber Hautbelag äußert. Flossenzucken und gelegentliches, ruckartiges Vorwärtsschießen sind grundlegende Anzeichen. Bei größeren Fischen kann der Parasitenbefall bis zur Hautablösung führen (die blutunterlaufene Muskulatur wird sichtbar) (Abb. 74).

Diagnose

Schleimhaut-Trübungen (Abb. 73)

Ursache

1.) Befall mit Schwächeparasiten (Chilodonella, Ichthyobodo (Costia), Trichodina usw.) (Abb. 34–38 sowie Zeichnung S. 38).

2.) Hautsaugwurmbefall (Abb. 39).

Hautsaugwürmer oder andere Schwächeparasiten können sich nur im Zusammenhang mit ungünstigen Wasser- oder Ernährungsbedingungen und einer damit verbundenen Schwächung des Fisches (deshalb der Name „Schwächeparasiten") ausbreiten.

Gegenmaßnahme

Zunächst ist eine Kur mit Exrapid® oder Contralck durchzuführen. Tritt keine wesentliche Besserung ein, so ist nach einem teilweisen Wasserwechsel eine Saugwurmkur mit GYROTOX® anzuraten.

Siehe Kapitel: „Hauttrübungen aller Art" Seite 36

73 Hauttrübungen lassen auf Hautparasiten schließen

74 Hautablösungen als Folge einer Hauttrübung

Krankheitsbild

Anfänglich lokale milchige Hauttrübung, die zu einem weißen, pelz- oder gallertartigen Belag ausartet. Bei frisch importierten Tieren tritt diese Erkrankung oft in Form größerer oder kleinerer blutunterlaufener Hautstellen auf. Auch ein Befall der Kiemen ist möglich (schnelle Atmung). Ein gleichzeitiger Befall von Haut und Kiemen kann bedenkliche Folgen haben.

Diagnose

Afrikaner-Krankheit

(So genannt, weil diese Erkrankung erstmals an afrikanischen Fischen beobachtet wurde.)

Ursache

Erreger: Oodinioides vastator, ebenfalls ein Angehöriger der Geißeltierchengruppe (Abb. 40–43). Die Erkrankung wird durch ungünstige Wasserverhältnisse erheblich gefördert.

Gegenmaßnahme

Behandlung mit Exrapid®.

Nach 24 Stunden Wasserwechsel (1/3).

Grundsätzlich auf beste Wasserverhältnisse achten!

In fortgeschrittenem Stadium kann ein Kurzbad in einer hochkonzentrierten Terramycin-Lösung empfohlen werden. Die Dosierung beträgt 250 mg auf 5 Liter. Die Fische müssen dabei ständig beobachtet und bei Unverträglichkeitserscheinungen sofort in das Aquarium zurückgesetzt werden. Dauer des Bades zwischen 2 und 6 Stunden. Während des Bades ist auf gute Durchlüftung zu achten.

Siehe Kapitel: „Eine harte Nuß – Oodinioides vastator“ Seite 39

75 Pelzartige Flecken – hervorgerufen durch eine Oodinioides-Infektion

76 Auch gallertige Beläge werden durch Oodinioides erzeugt

Krankheitsbild

Blutig umrandete Stellen, aus deren Zentrum ein Stäbchen mit einem Gabelschwanzende herausragt.

Diagnose

Stäbchen-Krankheit

Ursache

Es handelt sich um die zu den Krebsen gehörende Lernaea (Abb. 44 + 45). Der Kopf ist zum „Anker" umgebildet. Mit ihrem Vorderende hat sie sich bis zu einem ergiebigen Blutgefäß vorgearbeitet. Nach außen hin sehen wir lediglich die rückwärtigen Körperpartien mit den beiden Eipaketen (Gabelschwanz).

Gegenmaßnahme

Parasiten vorsichtig mit einer Pinzette herausziehen.

Siehe Kapitel: „Die Karpfenlaus und andere verdächtige Gestalten" Seite 42

77 Stäbchenkrankheit – hervorgerufen durch den Krebs Lernaea

Krankheitsbild

Wir finden auf größeren Fischen rundliche Abdrücke mit punktförmigen, meist schwarzen Stellen. Bei kleineren Fischen von etwa Neongröße können wir am Morgen eine Anzahl toter Exemplare finden, obwohl die anderen kerngesund erscheinen.

Diagnose

Karpfenlaus und Fischassel

Ursache

Beide gehören zu den Krebstieren. Mit Hilfe eines Saug- bzw. Stechrüssels bohren sie ein Blutgefäß an und entnehmen hieraus ihre Nahrung. Für kleine Fische können diese Parasiten tödlich sein (Abb. 46 + 47).

Gegenmaßnahme

Da diese Schmarotzer nur vereinzelt eingeschleppt werden, sind sie nicht leicht zu entdecken. (Am besten nachts bei ausgeschalteter Beleuchtung mit Hilfe einer Taschenlampe.) Aufgrund ihrer Größe können sie mit einem Fischnetz herausgefangen oder aber vom Fisch abgelesen werden.

Siehe Kapitel: „Die Karpfenlaus und andere verdächtige Gestalten" Seite 42

78 Auf diesem Fisch sitzen Karpfenläuse (Argulus)

Krankheitsbild

Leicht erkennbare, kugelige Körper, die sich zunächst in traubenförmiger Anhäufung an den Flossenenden bemerkbar machen. Später greifen sie auch auf den Körper über. Hierfür besonders anfällig sind Zwergcichliden und Fadenfische sowie viele Seewasserfische.

Diagnose

Kugel-Krankheit

Ursache

Erreger: Das Virus Lymphocystis (Abb. 50). Während ungünstiger Ernährungs- und Hälterungsbedingungen dringt ein Virus in eine Fischzelle ein und läßt diese zu sichtbarer Größe anschwellen. Nach entsprechender Vermehrung befällt es auch benachbarte Zellen und gelangt mit dem Blut in den übrigen Körper.

Gegenmaßnahme

Bei Flossenbefall nach Möglichkeit Abschneiden der befallenen Stellen. Ein Befall des Fischkörpers kann nur mehr durch beste Hälterungsbedingungen im Laufe mehrerer Wochen zum Abklingen gebracht werden. Ein Übergreifen auf andere Fische ist kaum zu befürchten. Gegebenenfalls ist auch eine Behandlung mit Chloramphenicol möglich in einer Dosis von 1–2 g auf 100 Liter.

Siehe Kapitel: „Wieder weiße Punkte, aber diesmal ganz anders“ Seite 45

79 Beginnende Kugel-Krankheit (Lymphocystis)

80 Fortgeschrittene Lymphocystis-Erkrankung

Krankheitsbild

Vor allem Salmler und Barben, aber auch andere Fische beginnen in der Rückenpartie ganz langsam von innen heraus weiß zu werden. Das Ganze kann sich über Wochen hinziehen. Die über den befallenen Rückenmuskeln liegende Haut verliert dabei allmählich ihre Farbe. Bei genauem Hinsehen kaum mit einer anderen Erkrankung zu verwechseln. Kann auch in Beulenform auftreten (siehe Makropode Abb. 82).

Diagnose

Neonkrankheit (Abb. 81, 82+51)

Ursache

Der Erreger gehört zur Gruppe der einzelligen Sporentierchen. Seine lateinische Bezeichnung ist Plistophora hyphessobryconis (Abb. 52+53).

Gegenmaßnahme

Durch Verbesserung der Wasser- und Ernährungsbedingungen ist manchmal eine Heilung erzielt worden. Sollte sich kein Erfolg zeigen, so ist der erkrankte Fisch vor seinem Ableben aus dem Becken zu entfernen, um nicht nach seinem Tode die anderen Fische ebenfalls zu infizieren.

Siehe Kapitel: „Der entfärbte Neon" Seite 47

81 Die Neonkrankheit – hervorgerufen durch das Sporentierchen Plistophora

82 Auch Beulenbildung deutet auf Plistophora

Krankheitsbild

Watteartige Strukturen
Schimmelartige Beläge
Wulstige weiße Ränder an den bereits verkürzten Flossenenden

Diagnose

Verpilzung (Abb. 83)
Maulfäule (Abb. 84)
Flossenfäule (Abb. 85)

Ursache

Allgegenwärtige Schimmelpilze und Bakterien haben den schleimhautgeschädigten oder verletzten Fisch befallen. Sie sind keine Parasiten, sondern haben lediglich die Aufgabe, absterbendes Material auf schnellstem Wege zu beseitigen. Bei längerer Einwirkung kann auch gesundes Gewebe geschädigt werden (Abb. 54 + 55 sowie Zeichnung S. 50).

Gegenmaßnahme

Alle drei Erscheinungsbilder sind ein Hinweis auf Verletzungen oder unzulängliche Wasserbedingungen. Letzteres gilt vor allem für die bakteriell bedingte Flossenfäule, die auch oft lediglich durch Verbesserung der Umweltverhältnisse ausheilt. Ansonsten zuerst Wasserwechsel, dann verpilzte Stellen mit Exrapid® bepinseln. Gegebenenfalls auch das ganze Aquarium mit Exrapid® in doppelter Dosierung desinfizieren. Auch eine Behandlung mit FungiStop kann Erfolg bringen.

Siehe Kapitel: „Das leidige Thema ‚Schimmelpilze'“
Seite 49

83 Schimmelpilzbefall

84 Bakterielle Maulfäule

85 *Bakterielle Flossenfäule, Hexamita und Kiemenwürmer*

Krankheitsbild

1. Beschleunigte Atmung
2. Wetzen und Scheuern der Kopfregion an Dekorationsmaterial
3. Auswürgebewegungen unter ruckartigem Vorstülpen des Maules

Diagnose

Kiemenwurm-Befall
Besonders häufig anzutreffen bei:
Diskusfischen, Segelflossern, Kugelfischen, Argusfischen, Silberflossenblättern und Fadenfischen

Ursache

Saugwürmer, die sich entweder lebendgebärend oder aber durch Eier fortpflanzen. Massenvermehrung kann für den Fisch tödlich sein (Abb. 58 + 59).

Gegenmaßnahme

Behandlung mit GYROTOX®.

Siehe Kapitel: „Wenn Fische an Atemnot leiden" Seite 54

Krankheitsbild

Als erste Anzeichen können beobachtet werden:

a) Schreckhaftigkeit
b) Abseitsstehen
c) Dunkelfärbung
d) Flosseneinschmelzungen (Abb. 88)
e) Futterverweigerung

Ein bereits fortgeschrittenes Stadium ist das Auftreten von Löchern in der oberen Kopfregion mit Austritt einer weichen, weißlichen Masse. Nach wenigen Tagen geht der Austritt der weißen Substanz zurück, die Löcher jedoch bleiben. Nach geraumer Zeit erfolgt ein Ausbruch in verstärktem Maße.

Segelflosser zeigen zumeist nur erste Anzeichen mit kaum sichtbarer Lochbildung. Labyrinthfische sterben meist plötzlich ohne äußerlich erkennbare Anzeichen.

Diagnose

Lochkrankheit (Abb. 56)

Ursache

Der Urheber ist ein ursprünglich darmbewohntes Geißeltierchen mit dem Namen Hexamita (Octomitus, Spironucleus) (Abb. 57). Nach starker Vermehrung bricht es durch die Darmwand hindurch in den Blutkreislauf ein und kommt im Bereich des Kopfes heraus.

Gegenmaßnahme

Behandlung mit HEXA-ex®.

Alle für das Diskusbecken bestimmten Fische sind im Quarantänebad mit HEXA-ex® vorher zu desinfizieren.

Wegen der Gefahr der Einschleppung (Futter, Wasserpflanzen etc.) ist außerdem grundsätzlich 2mal jährlich eine vorbeugende Kur ratsam.

Siehe Kapitel: „Die Lochkrankheit" Seite 51

86 Beginnende Lochkrankheit

87 Fortgeschrittene Lochkrankheit

88 Junger Diskus mit Lochkrankheit

89 Fadenfisch mit Lochkrankheit

Krankheitsbild

Hervortretende Augen

Diagnose

Glotzauge (Abb. 90)

Ursache

Durch Ausscheidungsprodukte der Fische verdorbenes Wasser.

Gegenmaßnahme

Mehrmaliger, teilweiser Wasserwechsel während der nächsten Tage.

Krankheitsbild

Meist durch bakterielle Besiedelung erzeugter, milchig-trüber Belag am Auge. Oft mit zusätzlicher Glotzaugenbildung gekoppelt. Nachfolgend zentrale Einschmelzung der Hornhaut mit Erblindung.

Diagnose

Hornhauttrübung (Abb. 91)

Ursache

Verletzung (Scheuern) oder chemische Schädigung der Hornhaut (verdorbenes Wasser).

Gegenmaßnahme

Sofortiger teilweiser Wasserwechsel und Bepinselung des Auges mit antibiotikumhaltigen Augentropfen.

Siehe Kapitel: „Glotzaugen und Hornhauttrübung“
Seite 57

90 Nichtparasitäres Glotzauge

91 Hornhauttrübung

Krankheitsbild

Unnatürliche, verwaschene Färbung

Verstörtes Verhalten, Lähmungserscheinungen

Extreme Farbunterschiede (vorne hell, hinten dunkel)

Hautablösungen (Abb. 92)

Kropfbildung (Abb. 93)

Diagnose

Stoffwechselstörungen

Ursache

Fehlen lebensnotwendiger Stoffe, die in dem uns zur Verfügung stehenden Futter oft nicht enthalten sind und deshalb zusätzlich verabreicht werden müssen.

Gegenmaßnahme

Zugabe eines Gesamtvitaminpräparates (LIQUI-fit®).
Außerdem Verabreichung einer Spurenelementkombination (AQUA-tonic®).

Siehe Kapitel: „Kropf und andere Mangelerscheinungen" Seite 59

92 Vitaminmangel

93 Spurenelementmangel (Kropf)

Krankheitsbild

In den Exkrementen der Fische finden wir bei hundertfacher Vergrößerung unter dem Mikroskop gelegentlich längliche, meist mit sog. Polkappen versehene Gebilde (Abb. 64).

Diagnose

Fadenwurm-Krankheiten (Abb. 63)

Ursache

Im Darm des Fisches haben sich verhältnismäßig durchsichtige Würmer von unterschiedlicher Größe (von wenigen Millimetern bis zu einigen Zentimetern) angesiedelt. Es sind zumeist Angehörige der Fadenwurmgruppe Capillaria, die sich durch Eier vermehren und in einer Reihe von Fällen nicht direkt von Fisch zu Fisch, sondern über einen Zwischenwirt, der im Aquarium fehlt, übertragen werden. Es gibt auch lebendgebärende Arten.

Gegenmaßnahme

Aufgrund seines Auftretens in nur wenigen Exemplaren meist nicht nötig.

Siehe Kapitel: „Noch einiges am Rande" Seite 60

Krankheitsbild

Aus dem After des Fisches ragen im Ruhezustand bis zu einem halben Zentimeter lange, rosarote oder gelblich-weiße „Nadelspitzen" hervor. Der Kot wird nur noch in langen, zwirnförmigen Fäden abgesetzt.

Diagnose

Fräskopfwurm-Krankheit (Abb. 62)

Ursache

Ein Angehöriger der Gruppe Fadenwürmer (Camallanus, Philometra). Sein regenwurmartiges Vorderteil hat sich in den Enddarm eingebohrt, das Hinterende ragt zuweilen aus dem After heraus, um vermutlich die Jungen (lebendgebärend) in das freie Wasser zu entlassen. Diese sinken zu Boden und gelangen bei der Nahrungsaufnahme in einen neuen Wirt, wo sie sich seßhaft machen können. Obwohl sehr produktiv in der Vermehrung, hat er doch nur in wenigen Aquarien Fuß fassen können.

Gegenmaßnahme

Behandlung mit Masoten in einer Dosierung von 30 mg auf 100 Liter.

Siehe Kapitel: „Noch einiges am Rande" Seite 60

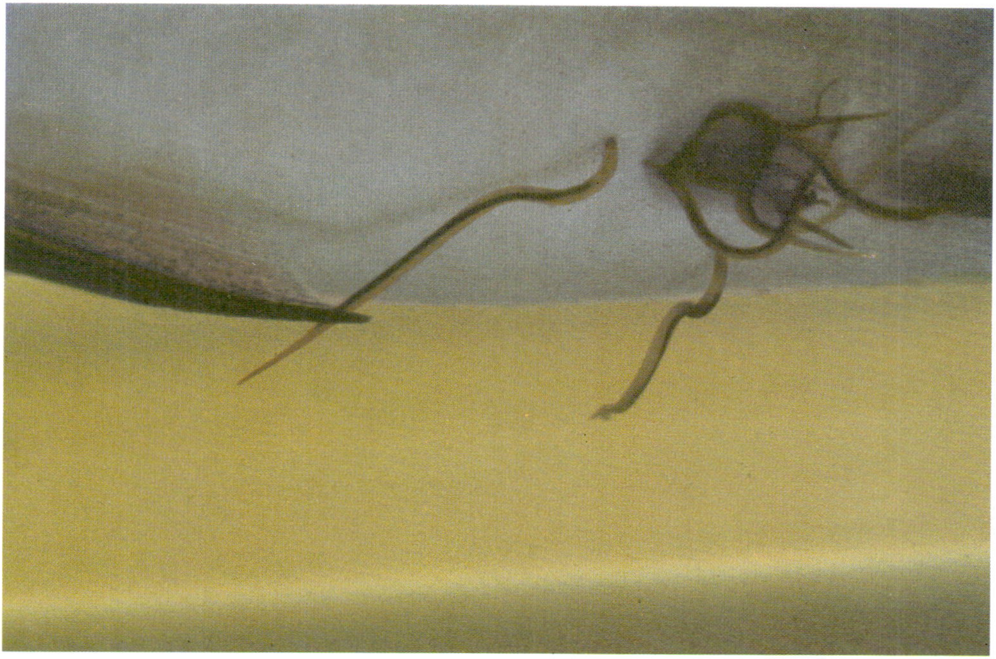

94 Fräskopfwurmbefall

Krankheitsbild

Die Bauchgegend wird zusehends praller. Sie schwillt bis zum Bersten an. Gleichzeitig beginnen sich die Schuppen in diesem Bereich fast senkrecht von ihrer Unterlage abzuheben.

Diagnose

Bauchwassersucht und Schuppensträube.

Ursache

Die Bauchwassersucht wird durch einen bereits weit fortgeschrittenen Zerfall der Leber hervorgerufen. Bei der Zerstörung dieses lebenswichtigen Organes kommt es hierbei zu einer Ausscheidung von Flüssigkeit in die Bauchhöhle hinein. Die allmähliche Aufquellung des Leibes bringt zwangsläufig ein Abstellen der Schuppen mit sich.
Meist entsteht die Leberschädigung und die damit verbundene Bauchwassersucht durch ungeeignete Wasserverhältnisse oder durch unzulängliche Ernährung.

Gegenmaßnahme

Keine erfolgversprechende Behandlung möglich.

Siehe Kapitel: „Noch einiges am Rande“ Seite 60

95 Bauchwassersucht durch Leberstörung

Literatur

Amlacher, E.:	Taschenbuch der Fischkrankheiten. Gustav Fischer Verlag, Stuttgart 1981
Bassleer:	Fischkrankheiten. J. Neumann-Neudamm-Verlag, Melsungen 1985
Reichenbach-Klinke, H.-H.:	Krankheiten und Schädigungen der Fische. Gustav Fischer Verlag, Stuttgart 1980
Schubert, G.:	Krankheiten der Fische. Kosmos-Verlag, Stuttgart

Fotonachweis

Beck:	1, 3, 4
Frickhinger:	6–8, 17–95
Reichenbach-Klinke:	61 a, 64 a–c, 65 a
Tetra:	Titel, 2, 5

Stichwortverzeichnis

(die Nummern der Abbildungen sind fettgedruckt)

Abbaubakterien 19
Abbauprodukte 19, 65
Abmagerung 53
Afrikaner-Krankheit 39ff., 76, **40–43, 75, 76**
Algenpilz 60
Anatomie – Zeichnung 62
Argulus 44ff., 78, **46, 78**
Atmungsbeschwerden 54ff., 65, 72, 76, 89
Augentrübung 29, 57, 65, 92

Bakterien 12, 86
Bauchwassersucht 60, 98, **95**

Camallanus 59, 96
Capillaria 59, 95, **64**
Chilodonella 36, 74, **34**
Costia 36, 74, **38**
Cryptocarion 29ff., 68, **68, 69**

Dickleibigkeit 16
Diplozoon 57, **61 a**
Dunkelfärbung 52, 53, 54, 65, 90

Echinorhynchus **64 b**
Eingewöhnung 14
Erblindung 92

Fadenwürmer 59, 95, 96, **62–64**
Fischassel 44ff., 80, **47**
Fischbesatz 13, 14, 18
Flosseneinschmelzung 40, 53, 90, **88**
Flossenfäule 12, 86
Flossenklemmen 22, 32
Flossenzucken 66, 74
Fräskopfwürmer 59, 96, **62**
Freßunlust 66
Fütterungsfehler 16, 17, 38
Futterverweigerung 22, 52, 53, 90

Geißeltierchen 70, 72, 76, 90, **28–33, 40–43, 70–72**
Gerbstoffe 11
Glotzauge 12, 57, 65, 92, **90**

Hautablösung 19, 39, 59, 74, 94, **74**
Hautsaugwürmer 36, 55, 74, **39**
Hauttrübungen 36ff., 56, 58, 74, 76, **73**
Hemiophrys 36, **37**
Henneguya 26, **19, 20**
Hexamita 52ff., 59, 90, **56, 57, 86–89**
Hornhauttrübung 29, 58, 65, 92
Huminstoffe 15, 65

Ichthyobodo 36, 74, **38**
Ichthyophonus 60
Ichthyophthirius 22ff., 60, 66, **9–16, 66, 67**

Karpfenlaus 44ff., 80, **46, 78**
Kiemenkrebs 56ff., **60**
Kiemenoodinium 34ff., 72, **31–33**
Kiemensaugwürmer 55, 89, **58, 59**
Kiementrichodine 56, **61**
Kleinlebewelt 13ff.
Kolloide 14, 15, 65
Konjugation 24, **16**
Korallenfischkrankheit 34ff., 72, **31–33, 71**
Kropf 58, 94, **93**
Kugelkrankheit 45ff., 82, **50, 79, 80**
Kupfer 11, 65

Lähmungserscheinungen 94
Leberschädigung 60, 95
Leberverfettung 60
Lernaea 42ff., 78, **44–45, 77**
Lochkrankheit 51ff., 90, **55, 56, 86–89**
Lymphocystis 51ff., 63, 82, **50, 79, 80**

Mangelerscheinungen 19, 58, 94, **92–93**
Maulfäule 86, **84**
Meerwasserichthyo 29ff., 68, **24–27, 68, 69**
Meerwasseroodinium 34ff., 72, **31–33, 71**
Metacercarien 26, **21, 22**
Metallvergiftung 11, 18
Milieuwechsel 20
Myxobolus 26, **17, 18**

Neonkrankheit 47 ff., 84, **52, 53, 81**
Nitrit 18 ff., 65

Octomitus siehe Hexamita
Oodinium (Süßwasser) 33, 60, 70, **28–30, 70**
Oodinium (Meerwasser) 34, 60, 72, **31–33, 71**
Oodinioides vastator 39 ff., 76, **40–43, 75, 76**

Philometra 59, 96, **62**
pH-Wert 21 ff.
Pilzbefall 44 ff., 86, **83**
Plistophora 47 ff., 84, **51, 52, 53, 81, 82**
Pünktchenkrankheit 22 ff., 66, **9–16, 66, 67**

Quarantäne 9, 21, 55 ff.

Samtkrankheit 32 ff., 68, **28–30, 70**
Saprolegnia 49, 60, **54, 55, 83**
Sauerstoff 19
Sauerstoffmangel 65
Schilddrüsengeschwulst 58, **93**
Schimmelpilze 49, 86, **54, 55, 83**
Schleimhauttrübung 36 ff., 65, 74, **73**
Schuppensträube 60, 98
Schwermetalle 65
Spironucleus siehe Hexamita
Sporentierchen 26, 84, **17–20, 51, 52, 53, 81, 82**
Spurenelemente 9, 59, 94
Stäbchenkrankheit 42 ff., 78, **44, 45, 77**
Stoffwechselstörung 59, 94
Süßwasseroodinium 32 ff., 70, **28–30, 70**

Tetrahymena 36, **36**
Trichodina 36, 56 ff., 74, **35**
Tuberkulose 60, **65**

Umweltschädigungen 11 ff., 18 ff., 38 ff., 39

Vergiftung 11 ff., 15 ff., 19, 65
Verpilzung 49 ff., 86, **54, 55, 83**
Vitamine 9, 13, 94
Vorbeugung 9, 21, 40, 53

Wasseraufbereitung 14, 15 ff.
Wasserhärte 14
Wasserpflanzen 15
Wasserverschlechterung 24, 74, 76, 84, 86, 92
Wasserwechsel 9 ff., 14 ff., 19, 74, 76, 86, 92, 94 ff.
Wimpertierchen 66, 68, 74, **9–16, 24–27, 34–38, 66, 67**

Zink 11, 65

Die Bestseller aus dem Tetra-Verlag

Das Literaturangebot für den Aquarianer

Tetra